Liebe Freunde der Weihnachtskrippe,

der Erwerb dieses Buches zeigt, daß auch Sie eine alte Tradition – Krippen selberbauen – erhalten wollen.

Mit dem Wort „Krippe" ist eigentlich die Lagerstatt des Jesuskindes gemeint, d.h. ein Futtertrog, aufgefüllt mit Heu und Stroh. Die Weihnachtsgeschichte vermittelt uns, wo bzw. was sich in jener Nacht ereignet hat, und die Erkenntnis daraus, Macht und Stärke, läßt jedem von uns eine freie Vorstellung der Geburtsstunde Christi. Diesen Eindruck nun in Form einer selbstgebauten Weihnachtskrippe festzuhalten, gibt eine ganz persönliche Einstellung zu diesem höchsten Fest des Jahres. Mein Vorschlag daher: sprechen Sie, bevor die eigentliche Bastelarbeit beginnt, die Krippenszenerie im Kreise Ihrer Familie sorgfältig durch und legen Sie gemeinsam Standort, Größe, Beschaffenheit und optimale Bauweise fest.

Da sich der Christbaum eine dominante Stellung im weihnachtlichen Brauchtum erobert hat, wird er in den meisten Familien auch weiterhin – zum sogenannten Krippenspiel – als Hintergrunddekoration aufgestellt bleiben. Wenn auch Sie diese Tradition beibehalten wollen, dann sollten Sie sich für eine heimatliche Krippenbauweise entscheiden, die mit einem Tannenbaum in harmonischen Einklang gebracht werden kann.

Oft ist Platzmangel entscheidend dafür, ob eine Krippe aufgebaut wird oder nicht. Gehören Sie zu dieser Gruppe, dann sollten Sie eine orientalische Bauweise wählen, die mit wenig Hintergrunddekoration, genau diese morgenländische Stimmung hervorbringt, die der eigentlichen Geschichte sehr nahe kommt. Zum Beispiel genügen hier oft ein paar Kiefer- oder Buchszweige, Christrosen, ein Weihnachtsstern oder ein Weihnachtskaktus.

Viele Materialien habe ich zusammen mit meinem Vater, dem ich an dieser Stelle ganz herzlich für seine Mitarbeit danken möchte, das ganze Jahr über bei Spaziergängen und Einkäufen gesammelt: Gras, Moos, abgebrochene Zweige und Äste, Rückschnittabfälle von Garten- bzw. Mäharbeiten, aber auch Obst- und Gemüsekistchen, deren Holzleisten und Brettchen leicht zu verarbeiten sind, ebenso Verpackungsmaterial aus Styropor, sind Bausubstanzen. Sammeln Sie gezielt und reichlich, denn nur wenn genügend Material vorhanden ist, macht's erst so richtigen Spaß, so daß auch das eine oder andere Detail noch dazugestaltet werden kann.

Jedes Krippenmodell ist genau beschrieben. Die eigentliche Bauweise wird anhand der Konstruktionszeichnungen klar ersichtlich. Dekorationsvorschläge und viele andere Tips unterstützen Sie in jeder Hinsicht.

In diesem Sinne wünsche ich Ihnen erfolgreiche, schöpferische Hände und besinnliche Weihnachtsstunden im Kreise Ihrer Familie.

Inhalt

Material und Werkzeug	6
Beleuchtungstechnik	8
Krippenbau mit Pappmaché	10
Krippenbau mit Pappkarton	30
Krippenbau mit Holzmaterial	50
Krippenbau mit Wurzeln	70
Krippenbau mit Gräsern	84
Krippenfiguren	98

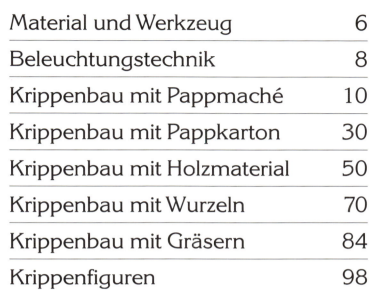

Material und Werkzeug

Bastelleisten
In allen Baumärkten in verschiedenen Stärken erhältlich. Fragen Sie nach feinjährigem Holz.

Haselnußstecken
Bitte Rückschnitt abwarten und gut trocknen lassen.

Klammern
Wäscheklammern und kleine Schraubzwingen pressen verleimte bzw. verklebte Teile verrutschsicher zusammen.

Metermaß
Kleines Klappmodell oder Rollmaß verwenden.

Schnitzmesser
Handliche, geschwungene Form mit kurzer, stabiler Stahlschneide.

Tonpapier
Als Bastelmappe in vielen Großmärkten, Kaufhäusern und Drogeriemärkten sowie in allen Bastelgeschäften mit reichhaltigem Farbsortiment einzeln erhältlich.

Bastlersäge
Kostengünstig und ideal für kleine Sägearbeiten an Bastelleisten.

Cutter
Die schlanke Form eignet sich für den normalen Papierschnitt, die stärkere Form für Modellkarton, Styropor usw.

Papiermasche
Ein Modellierwerkstoff, der nur noch mit Wasser angerührt werden muß. Trocknet an der Luft. Es kann auf eine ebenfalls lufttrocknende Modelliermasse (efaplast) ausgewichen werden.

Bastelkleister
Zum Modellieren mit Papier. Kindgerecht.

Modellierwerkzeug
Zum Modellieren von Körperteilen unerläßlich.

Farben und Pinseln
In Fachgeschäften mit Modellbauzubehör können Sie aus einem reichhaltigen Farbsortiment wählen. Die Pinselstärke richtet sich nach dem zu bearbeitenden Modell.

Glitter
Für Flächenverzierungen wie Engelsflügel und Sterne.

Klebstoffe
Holzleim mit Schnellkraft für feste Holzverbindungen. Fixogum für Papierklebearbeiten. Uhu oder Uhu hart für feste Kartonverbindungen. Letzterer ist schnellhärtend und wird besonders im Modellbau verwendet. Für Styropor Spezialkleber verwenden.

Filz
Ein Bastelvlies, nicht fransend, kann geklebt oder genäht werden. Vorgeschnittene DIN A 4 Größen in Bastelgeschäften erhältlich.

Moltofill
Zum Ausbessern, Verstärken und Verzieren verschiedener Materialien. Spachtel notwendig.

Dekomaterial
Sägespäne, Torf, Vogelsand und vieles mehr finden Sie in allen Gartencentern.

Styropor
Achten Sie auf Verpackungsmaterial, da die Beschaffenheit solcher Styroporplatten sehr fest ist.

Beleuchtungstechnik...

Material:
*Flache Taschenlampe
Batterien
Doppelseitiges Klebeband
oder
dünne Schnur*

Verwendungsmöglichkeit:
Krippe Seite 32, 44, 52, 58, 64, 86 und 92

Eine flächige Taschenlampenseite mit doppelseitigem Klebeband versehen und an die Decke oder Dachplatte der Krippe kleben. Achten Sie bei dieser Methode darauf, daß der Bedienungsschalter leicht zugänglich ist und der Lichtkegel frei liegt, so daß sich die Helligkeit in der ganzen Krippe ausbreiten kann. Eine weitere Befestigungslösung besteht darin, den Taschenlampenboden zu durchbohren und eine dünne Schnur als Aufhängevorrichtung einzufädeln. Befestigen Sie dann die Taschenlampe so an der Krippendecke, daß der Lichtkegel exakt auf das Jesuskind trifft. Als Aufhängehalterung verwenden Sie am besten Schraubhaken.

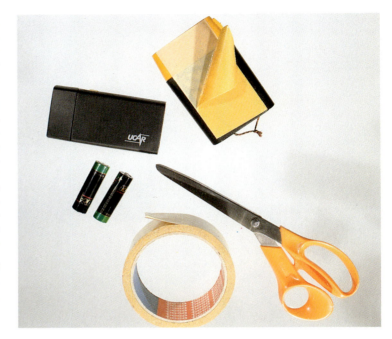

Material:
*Universal Netzadapter
Modellbaulämpchen
Isolierband*

Verwendungsmöglichkeit:
Bei allen Krippen.

Hierbei handelt es sich um einen 4fach Kreuzadapter mit einer Ausgangsspannung von 3V; 4V; 5V; 6V; 7,5V; 9V und 12 V. Das Gerät ist geeignet zur Stromaufnahme bis 250 m.A. Sie können mehrere im Modellbau erhältliche Lämpchen anbringen; dabei die Polverbindungen sorgfältig mit Isolierband abkleben und sichern. Beachten Sie auf jeden Fall die Gebrauchsanweisung der Herstellerfirma. Um die Lämpchen an Ort und Stelle plazieren zu können, ist es bei geschlossenen Krippenmodellen erforderlich, die Wände zu durchbohren. Das Licht selbst ist weich und läßt so manches Krippenfenster schummerig erscheinen.

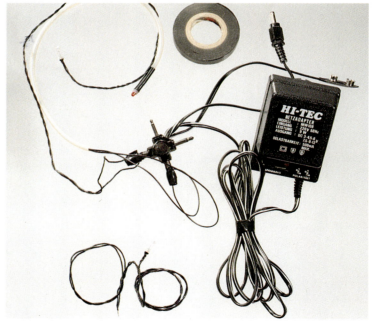

…rund um die Krippe

Bei dieser Beleuchtungsvariante brauchen Sie eine Fassung mit kleinem Gewinde, E 14, und ein Anschlußkabel mit Bedienungsschalter. Den Montagehinweis finden Sie auf der Rückseite jeder Fassungsverpackung. Zur Anbringung der Beleuchtung, das Kabel entlang der Wandkanten mit Kabelklammern fixieren und die Fassung selbst an einem eingedrehten Schraubhaken aufhängen. Bei diesem Modell habe ich eine 25 Watt Glühlampe verwendet und die Kopfrundung mit einer hitzebeständigen Farbe abgedeckt, um die Helligkeit zu reduzieren. Diese Beleuchtungsmöglichkeit eignet sich besonders bei größeren Krippenmodellen.

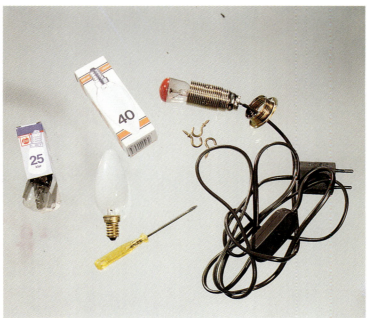

Material:
Lampenfassung E 14
Anschlußkabel mit Bedienungsschalter
Glühlampe E 14, 25 oder 40 Watt
Schraubhaken, gebogen

Verwendungsmöglichkeit:
Krippe Seite 52, 60, 64, 72 und 92

Wer sich für ein kleines, offenes Krippenmodell entscheidet, sollte eine Beleuchtungslösung wie diese wählen: Eine Klemmleuchte so hinter der Krippe anbringen, daß diese ein sogenanntes indirektes Licht abgibt, d.h. der Lichtstrahl darf nicht direkt die Krippenmitte ausleuchten, sondern sollte entweder seitlich, nach unten oder nach oben abfallen. Drehen Sie die Lampe so lange, bis ein zarter Lichtschein die Krippe erhellt. Mit einer zweiten Lampe kann, ähnlich einem Kometschweif, durch einen nach oben strahlenden Lichtkegel eine stimmungsvolle Atmosphäre geschaffen werden.

Material:
Klemmleuchte
Glühlampe bis max. 60 Watt

Verwendungsmöglichkeit:
Krippe Seite 12, 18, 24, 38, 44, 52 und 78

Krippenbau mit Pappmaché

Pappmachékrippen

Mauerwerkkrippe

Material:
*25 mm Karton, 400 x 400 mm Pappmaché, ca. 400 g
Balsabastelholz, 8 mm und 2 mm Stärke (Fertigschnitt)
Obstkistchenholz
Leinenstoffrest
ca. 20 konische Korken,
Ø 13/8 mm
24 Farnblätter, 55 cm lang
Sägespäne (Streu)
Ponal-Leim
Uhu hart*

Grundriß und Baukonstruktion finden Sie auf der übernächsten Doppelseite.

Vorweg sei gesagt, daß bei diesem Krippenmodell durchaus auch Kinder mitbauen können. Der Zeitaufwand beträgt: ca. 3 Tage Trocknungsphase, 1–2 Tage Bauphase.

Den Grundriß und die detaillierten Bauzeichnungen finden Sie auf der übernächsten Doppelseite. Grundsätzlich sind alle Grundrißmaße in Millimeter angegeben.

Die Gesamtgröße des Krippenmodells weist 400 mm in der Breite, 400 mm in der Tiefe und 180 mm in der Höhe auf. Die Krippe selbst, das Mauerwerk, hat eine Tiefe von 190 mm. Die Figurengröße, für die Szenerie sollte 12 cm nicht überschreiten. Optimale Größe: 10 cm. Die Figurengruppe von Seite 104 und die Gruppe von Seite 115 könnten durchaus zu diesem Modell angefertigt werden.

Pappmaché erhalten Sie entweder in pulverisierter oder in flockenartiger Form. Durch die Zugabe von Wasser kann das Material zu einem voluminösen, geschmeidigen Teig verarbeitet werden; die Mengenzugabe können Sie der Verpackung entnehmen. Da das Pappmachépulver beim Umfüllen staubt, verwenden Sie am besten einen 5 l Plastikeimer oder ein ähnlich hohes Gefäß. Rühren Sie so lange um, bis das Pulver aufgeweicht ist. Wenn die Masse sich vom Boden löst, arbeiten Sie auf einem Tisch weiter. Bearbeiten Sie den Teig so lange, bis er kaum noch Risse aufweist. Dieser Arbeitsgang geht leider etwas in die Arme, doch je länger Sie kneten, desto geschmeidiger wird Ihre Modelliermasse. Angetrocknete Rückstände sind leicht mit Wasser wieder zu entfernen.

Das Arbeiten mit solch einer Modelliermasse ist angenehm, da man sich in keiner Weise zu beeilen braucht. Die Teigmasse bleibt verschlossen in einem Plastikbehälter, oder eingewickelt in einer Plastiktüte, wochenlang geschmeidig. Sie müssen nur darauf achten, daß die Verpackung luftdicht abgesichert ist.

Teilen Sie jetzt den Teig in zwei Hälften; das eine Teilstück schlagen Sie in ein angefeuchtetes Tuch ein, das andere rollen Sie mit Hilfe eines Nudelholzes auf eine Stärke von einem Zentimeter aus. Versuchen Sie, eine rechteckige Fläche zu erhalten, so haben Sie nachher weniger Verschnitt bzw. Abfall. Nun mit einem scharfen, langschneidigen Küchenmesser und mit Hilfe eines Lineals den Teig in 15 mm breite Streifen aufschneiden, diese dann wiederum in 2–3 cm große Stücke zerteilen. So erhalten Sie schnell und zügig Ihre Mauersteine. Die Ecken und Kanten werden relativ schnell trocken, so daß Sie bei längerer Bearbeitung einzelner Teile diese Stellen erneut etwas anfeuchten müssen.

Jetzt die Machésteine auf einer Trockenablage (z.B. einem Backblech) so verteilen, daß die Steine sich nicht berühren. Die Trocknungsphase dauert bei dieser Steinstärke in einem gut gelüfteten Raum ca. 3 Tage; auf dem Balkon, an Sonnentagen, 2 Tage. Das Wasser verdunstet, die Steine erhalten dadurch eine hellere Farbe und schrumpfen etwas zusammen. Mit dem Fingernagel können Sie die Festigkeit überprüfen: gibt die Oberfläche nach, ist die Trockenzeit noch nicht beendet; ist die Oberfläche fest, können die Steine gewendet werden, so daß auch deren Unterseite trocknet.

Nun beginnt die Bauphase. Auf dem 400 x 400 mm großen Karton anhand des Bauplanes auf der übernächsten Doppelseite, Grundriß A, Hilfslinien aufzeichnen. Die Mauersteine werden, wie in der Zeichnung B dargestellt, versetzt übereinander geschichtet und gleichzeitig festgeklebt. Sie können sowohl Leim wie auch Uhu verwenden. Beim Aufbau der Wände, Zeichnung C, die Rückwandkante im rechten Winkel zur Bodenplatte halten, die vordere Kante stufig, nach hinten versetzt, hochziehen. Wenn Sie 17–18 Reihen übereinandergeschichtet haben, sollte ein einziger Stein den Abschluß bilden. Die nach Möglichkeit gleichmäßig aufgemauerten Wände nun gut durchtrocknen lassen. In der Zwischenzeit das angrenzende Mäuerchen durch 3fache Aufschichtung dazugestalten, wobei Sie zur linken Hauswand hin, versetzt, 6fach aufschichten. Sehen Sie hierzu auch das Detailfoto, das die Rückseite

Pappmachékrippen

Das Foto unten zeigt die Rückseite der Pappmaché-Mauerwerkkrippe. Die Rückwand sowie auch die seitlichen Wände schließen exakt mit den Schnittkanten des Kartonbodens ab.

der Krippe zeigt. Die beiden Zaunmäuerchen werden im Quadrat 5fach aufgeschichtet, d.h., zwei Steine längs, zwei Steine quer übereinanderkleben. Wenn Sie die Mäuerchen so setzen, daß diese schräg zum Haus hin ausgerichtet sind, so erhalten Sie eine aufgelockerte Bildszene. Restliche Mauersteine entweder auf dem Boden in Gruppen verteilen oder weitere Kantenabgrenzungen anlegen.

Messen Sie nun die Länge der Dachbalken aus. Zeichnung C, Detail A, zeigt Ihnen die Lage der drei Balken. Von dem 8 mm starken Balsaholz schneiden Sie mit einem Cutter oder Messer längsseitig, 1 cm breite Streifen ab, davon wiederum Ihr ausgemessenes Balkenmaß abtrennen und auf die rechte und linke Hausmauer aufkleben. Nach dem Auftrocknen die vorderen Kanten, wie in der ersten Grafik dargestellt, abschrägen. Nebenbei bemerkt: Balsaholz ist ein sehr leichtes Bastelholz, das sich ohne Mühe schneiden läßt. Beim oberen Dachbalken die vordere und hintere Kante abschrägen, so daß die Dachplatten beim Abdecken aneinanderstoßen. Das 2 mm starke Balsaholz, der Länge nach in 6–10 cm lange, konisch verlaufende Flächen einteilen (Breite ca. 2–4 cm), ausschneiden, und auf die Balkenschräge aufkleben. Beachten Sie hierbei Zeichnung F, Detail F. Beginnen Sie mit den unteren Platten. Für diesen Arbeitsgang verwenden Sie am besten einen Holzleim, wie in der Materialliste angegeben. Für den seitlichen Unterstand, Zeichnung E, benötigen Sie

Pappmachékrippen

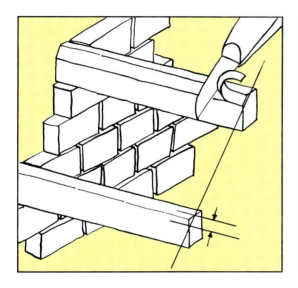 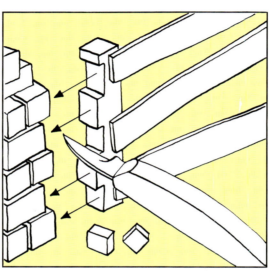

Die erste Grafik zeigt das Abschrägen der Dachbalken an den vorderen Kanten. Sie können den Winkel selbst bestimmen oder, wie bei dem abgebildeten Krippenmodell, den obersten Balken auf 60°, die unteren Balken auf 50° abschrägen. So erhalten Sie eine Auflagefläche für die Dachplatten.

Die zweite Grafik zeigt das Anpassen der Zaunpfähle an das vordere, schräg zum Haus stehende Grenzmäuerchen. Den betreffenden Zaunpfahl an der Mauer anlegen und mit einem Bleistift die Ungleichheiten anzeichnen. Die hervorstehenden Mauersteine entsprechend ihrer Überlänge aus dem Zaunpfahl herausschneiden, dann mittig der Mauer anpassen und ankleben.

zwei Balsaholzbalken in der gleichen Stärke wie die Dachbalken, mit 12 cm (Balken B) und 10 cm (Balken C) Länge. Das längere Stück mittig und direkt an die Hauswand kleben. Die Oberkante nach vorne etwas abschrägen, so daß Balken C in einem 60° verlaufenden Winkel auf Balken B aufliegt. Beide Teile miteinander verkleben, und Balken C an der Vorderkante auf 50° abschrägen. 5–7 cm lange, 1,5–2 cm breite Abdeckplatten (Detail G) aus Obstkistchenholz zuschneiden und nebeneinander aufkleben. Spalten Sie das Holz mit einem Taschenmesser und brechen Sie die Länge einfach ab.

Für das Vordach zwei Balsaholzbalken (gleiche Stärke wie vorher) mit 16,5 cm und 15 cm Länge zuschneiden, dann innerhalb der Wandmauern ankleben. Den Leinenstoff am unteren Dachbalken ebenfalls ankleben und über den beiden Vordachbalken fixieren.

Den Zaun, wie in der zweiten Grafik dargestellt und beschrieben, anbringen. Die Pfahlhöhe, Zeichnung D, Detail D, richtet sich nach der Höhe Ihrer Zaunmauer. Die Länge der Zaunlatten, Detail E, messen Sie an Ihrem Modell exakt aus und spalten Sie das Kistchenholz auf 5–10 cm Breite. Von der Rückseite her an die Zaunpfähle kleben; mit Wäscheklammern oder kleinen Schraubzwingen die Klebeteile zusammenpressen.

Die Hausrückwand wird, wie eben beim Zaunmodell beschrieben, mit 9 cm Pfahlhöhe und 1–2 cm Lattenbreite angefertigt.

Die Palmen werden aus konischen Korken hergestellt, die mit Uhu stufig übereinandergeklebt werden. Den letzten Korken mit einer Ahle durchstechen und die am Stiel zurückgeschnittenen Farnblätter einstecken bzw. einkleben. Mit viel Klebstoff die Palmen auf der Bodenplatte befestigen.

Zum Schluß den gesamten Kartonboden nach und nach flächig mit Leim einstreichen und die Sägespäne 1 cm dick darüber verteilen. Das Streu mit der Hand gut andrücken, den Leim etwas anziehen lassen, dann noch einmal mit Sägespäne abdecken, andrücken, und den Rest durch Abkippen des Krippenmodells entfernen.

Jetzt noch etwas pastellfarbiges, künstliches Moos verteilen, aufkleben, und fertig ist Ihr Krippenmodell.

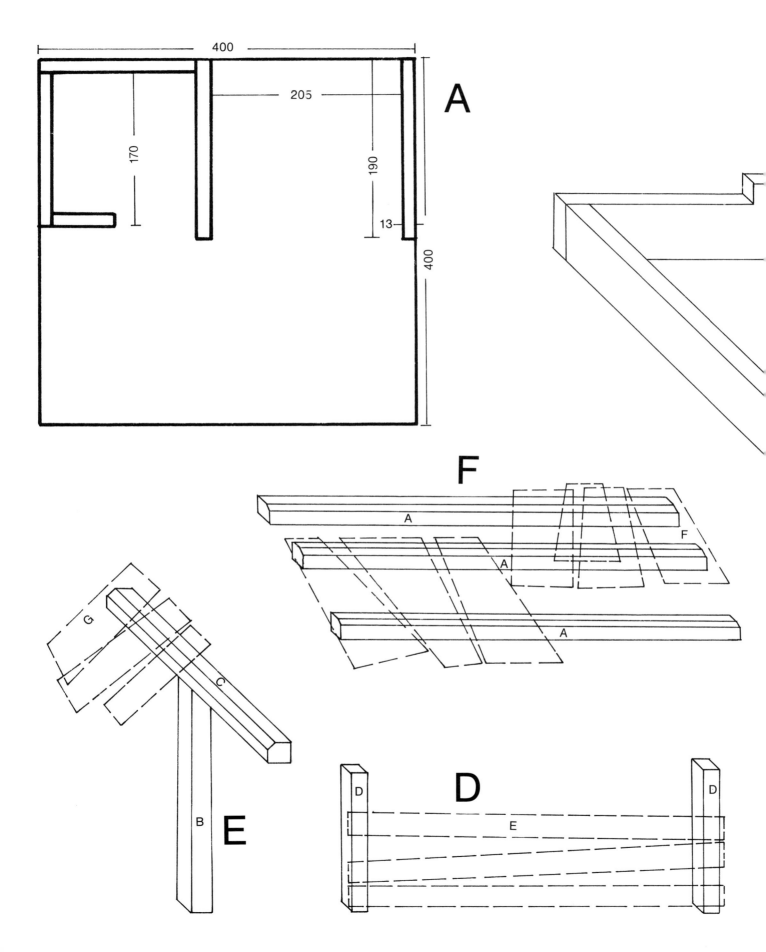

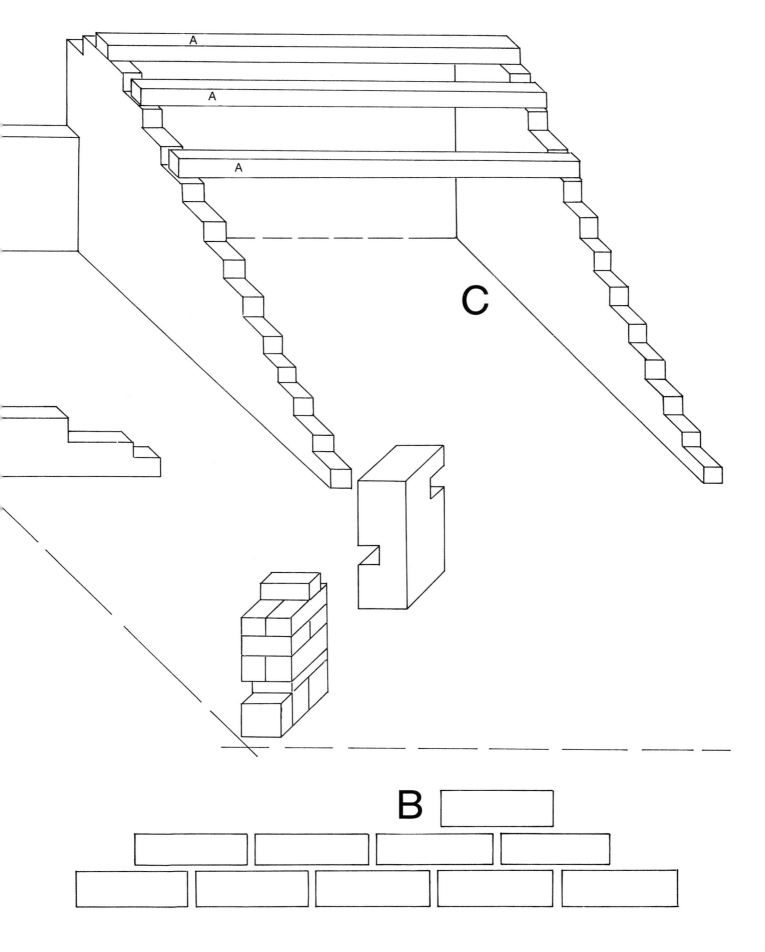

Pappmachékrippen

Höhlenkrippe...

Material:
*Aluminiumfolie
5 mm Hartfaserplatte, 590
x 410 mm
Zeitungspapier
Torf
Kieselsteinchen
(Katzenstreu)
Sand, blau gefärbt
Moos
Zweige
Heu
Ponal Holzleim
Pritt Bastelkleister
Uhu*

Der Zeitaufwand beträgt ca. 6 Tage: 4–5 Tage Trocknungsphase, 1–2 Tage Bauphase. Den Grundriß zu dieser Krippe finden Sie auf der übernächsten Doppelseite. Alle Maßangaben sind, letzteren betreffend, in Millimeter angegeben. Die Buchstaben innerhalb der Bauzeichnungen sind Hinweise für die Maßangaben, die in der nachfolgenden Anleitung in Zentimeter angegeben werden. Grundsätzlich gelten diese Maße nur zur Orientierung, denn jeder Krippenbauer wird einen eigenen, individuellen Vorbau formen.

Wie auf dem Plan ersichtlich, beträgt die Plattengröße 590 x 410 mm. Die Höhle selbst hat bei dem abgebildeten Modell eine Breite von 240 mm, eine Tiefe von 240 mm, das Höhleninnere eine Höhe von 110 mm. Für diese Krippe eignet sich eine Figurengruppe mit maximal 10 cm Standhöhe; optimale Höhe: 9 cm. Wenn Sie eine der drei Figurengruppen, ab Seite 100, anfertigen wollen, dann empfehle ich Ihnen, die Papiergruppe zu nehmen, da deren Farbvielfalt den braunen Krippenton auflockert.

Die Hartfaserplatte anhand des Grundrißplanes an der Vorderseite abschrägen, und die Kanten mit 100er Schleifpapierstärke abrunden.

Für das Vorformen der Höhle benötigen Sie einen Karton (Schachtel) oder ähnliches in etwa folgender Größe: Strecke L, K und M, je 15 cm (Zeichnung A), formen Sie, die wulstartigen, daumendicken

Grundriß und Baukonstruktion finden Sie auf der übernächsten Doppelseite.

...mit Bach

Pappmachékrippen

Das Foto unten zeigt das Krippenmodell von oben, so daß Sie den Bachverlauf sowie den Stand der Gabelzweige mit aufgelegten Thujazweigen (Lebensbaum) klar erkennen können.

Aluminiumteilen, in der Länge der oberen plus der hinteren Kartonseiten plus 5 cm Befestigungslänge; dabei von der Alufolie mehr abrollen als die Meßlänge, da sich durch das Zusammenknüllen die Länge etwas verkürzt. Die Aluteile nacheinander über Ihren Karton reihen; eine weitere Aluwulst formen, die quer über beide Kartonseiten sowie dessen Oberfläche reicht (1. Grafik, Seite 21). Die überstehenden Enden nach oben, um dieses querliegende Teil, schlagen und fest andrücken. Die rechte und linke Wandseite in gleicher Weise anfertigen, wobei ein kleiner Höhleneingang auf der rechten Seite frei bleibt.

Jetzt den Karton entfernen und, mit weiterer Alufolie, die vorhandene Form komplett umhüllen. Die Folie immer wieder fest an- und zusammendrücken, da der Unterbau stabil werden muß. Achten Sie nicht auf das ehemalige Kartonmaß, das Höhleninnere, sondern nur noch darauf, daß Sie eine schöne Höhlenform erhalten. Für die kleinere Höhlennische oberhalb des Eingangs bzw. Unterstandes die Nische vorformen, über den Eingang setzen, das Ganze wiederum mit Alufolie umwickeln und kräftig nachformen (2. Grafik, Seite 21). Hier ein paar Orientierungsmaße (Zeichnung B) von dem abgebildeten Krippenmodell:

Strecke A, 11 cm (Innenhöhe: 12 cm); Strecke B, 16 cm; Strecke C, 15-16 cm; Strecke D, 8 cm. Stellen Sie den Höhlenvorbau so auf Ihre Hartfaserplatte, wie in der Grundrißzeichnung angegeben.

Rühren Sie nun den Bastelkleister wie auf der Verpackung aufgeführt an. Die breiige Masse läßt sich am besten mit einem 4 cm breiten Malerpinsel verstreichen. Während der Kleister durchzieht, Papierstreifen von einer Tageszeitung zuschneiden oder reißen; Größe: ca. 40 x 10 cm. Diese Streifen nun so nacheinander (Zeichnung B) aufkleben, daß zuerst die Standfläche des Höhlenvorbaus auf der Bodenplatte fixiert wird.

Pappmachékrippen

 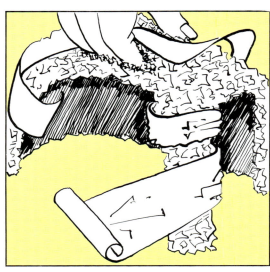

Die Streifen kreuz und quer in, um und auf der Aluhöhlenform verteilen; dabei jeden einzelnen Papierstreifen beidseitig mit Kleister einstreichen. Bevor die gesamte Bodenfläche abgeklebt wird, zwei Aluwülste, 22 cm lang, 2 cm Durchmesser, für die Bachbrücke formen, und die Hügelkette entlang der hinteren Bodenplattenkante anlegen. Diese, wie in Zeichnung C dargestellt, ebenfalls mit Papierstreifen umkleben; Orientierungsmaß für die Brücke: Strecke H, 10 cm; Strecke G, 6 cm. Nach dem Bekleben des gesamten Krippenmodells das Ganze gründlich durchtrocknen lassen.

Stück für Stück Holzleim auf das getrocknete Modell auftragen und den Torf darauf verteilen. Sparen Sie bei diesem Arbeitsgang nicht mit Leim, und tragen Sie eine dicke Torfschicht auf, die Sie immer wieder andrücken. Nach zirka einer halben Stunde können Sie den überschüssigen Torf durch Abkippen der Platte entfernen.

Seien Sie bitte beim Weiterarbeiten noch etwas vorsichtig, da erst nach ca. 2 Stunden der Leim so richtig fest ist. Um Torfflecken zu vermeiden, sollten Sie, wenn nicht die Möglichkeit besteht, im Freien zu arbeiten, einen aufgeschnittenen Müllsack als Unterlage verwenden. Als nächsten Arbeitsgang legen Sie den Bach an. Die Führung verläuft von der rechten Bodenkante aus, unter der Brücke durch; kurz danach in einer Bogenform nach vorne zur abgeschrägten Kante. Die Bachbreite beträgt 2,5 cm (Zeichnung C, Strecke J). Kratzen Sie für diesen Bachverlauf den Torf an der betreffenden Stelle ab, tragen Sie kräftig Uhu auf, bedecken Sie die Strecke mit blaugefärbtem Sand (Bastelbedarf, Sandbilder). Nach dem Antrocknen mit Kieselsteinchen rechts und links der Sandstrecke das Bachufer anlegen. Wenn Sie weißes Katzenstreu verwenden, dieses nach dem Aufkleben mit Farbe grau abdunkeln. Jetzt den Plattenrand gut mit Moos bekleben. Zwei Gabelzweige rechts und links vor dem Höhleneingang aufstellen, aufkleben und Zweige des Thujabaumes darüber verteilen (Zeichnung D).

Weitere Zweigstücke als Abgrenzung aufkleben und, je nach Gefallen, noch ein paar Steinchen außerhalb der Höhle verteilen. Das Höhleninnere mit kurz geschnittenem Heu auslegen. Die Feuerstelle (Zeichnung D, rechts) am Bachufer ebenfalls mit Steinchen umgeben.

In der ersten Grafik sehen Sie das Vorformen der Alufolie zu wurstähnlichen Gebilden, die so um einen Karton drapiert werden, daß sie fest miteinander verbunden sind. Die geformten Aluminiumteile zuerst von vorne nach hinten über den Karton legen, ein weiteres Teil quer über die vordere Kartonkante legen, hervorstehende, längsliegende Aluminiumenden nach oben biegen und fest andrücken. Die Seiten ebenfalls so handhaben; rechte Seite erhält zusätzlich einen tiefer gelegten Höhleneingang. Danach den Karton entfernen und mit der Aluminiumfolie, flächige Lage, vorsichtig den gesamten Vorbau durch Umwickeln zusammenhalten.

In der zweiten Grafik sehen Sie erneut das Umwickeln des Vorbaus, nachdem eine kleinere, vorgeformte Höhlennische aufgesetzt wurde.

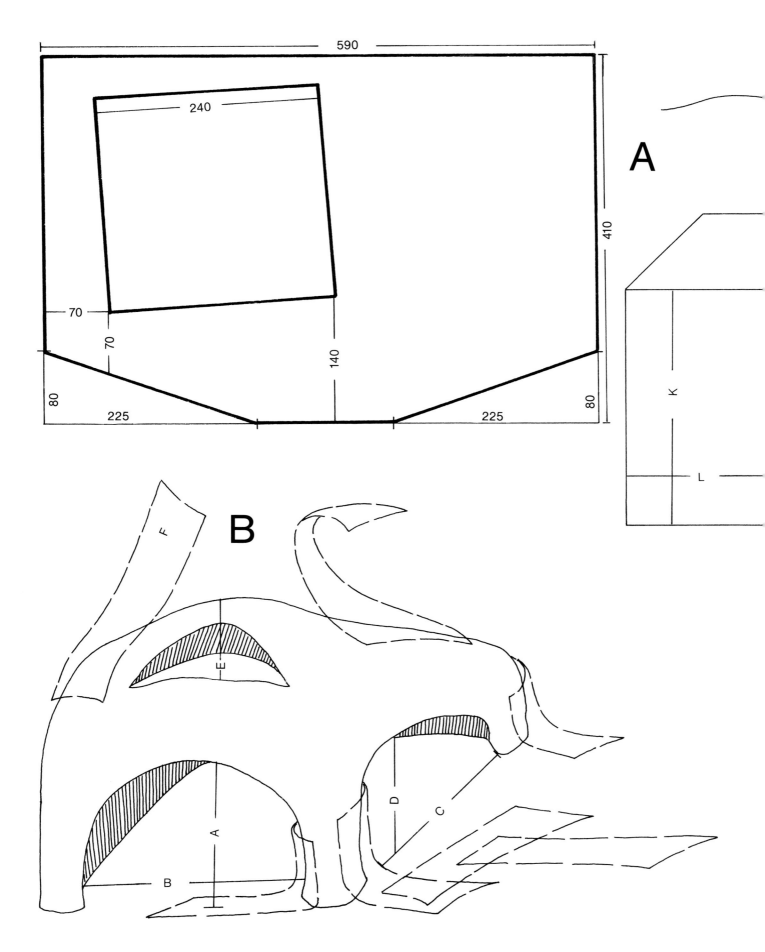

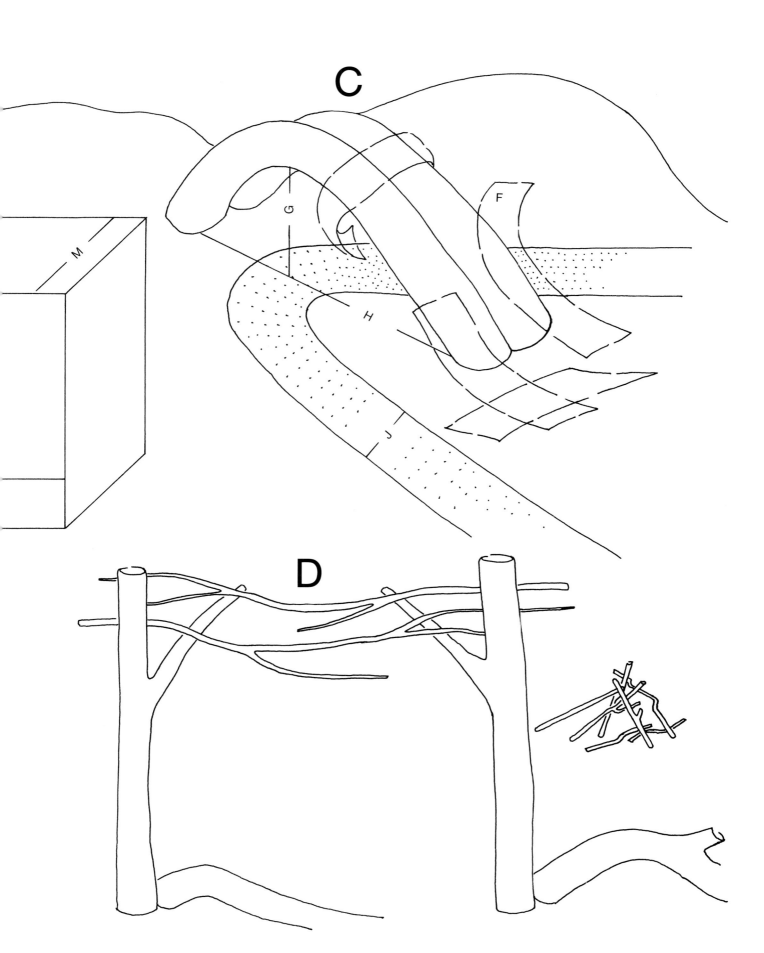

Pappmachékrippen

Felsenkrippe

Material:
*Pappmaché, ca. 750 g
2,5 mm Hartfaserplatte, 400 x 300 mm
Heu
Zweige
Bastelleim*

Pappmaché, eine kindgerechte Modelliermasse, läßt sich leicht – nach der Teigherstellung – verarbeiten. Gerade bei diesem Krippenmodell kann der Baubestand wie Bauklötze gehandhabt werden.
Der Zeitaufwand der Felsenkrippe ist so gering, daß selbst heute, in unserem hektischen Berufsleben, jeder die für diese Art von Architektur notwendige Zeit aufbringen kann. Sie benötigen für die Bauphase maximal einen halben Tag. Die Trocknungsphase der einzelnen Bauteile beträgt ca. 5 Tage, d.h. je nach Materialstärke einen Tag mehr oder einen Tag weniger.
Grundriß, Aufteilung und Baukonstruktion auf der übernächsten Doppelseite helfen Ihnen, Form und Aufbau zu erfassen. Die Maßangaben des Grundrißplanes, Zeichnung A, sind in Millimeter angegeben. Die Buchstaben der Bauzeichnungen finden Sie mit Größenangaben in Zentimeter in der nachfolgenden Anleitung. Natürlich kann ich Ihnen nur Orientierungsmaße angeben, da bereits beim Formen der Bausteine Abweichungen von wenigen Millimetern sich auf die Gesamtgröße des Krippenmodells auswirken. Sie werden daher immer ein ganz individuelles Bauwerk erhalten.
Das Mauerwerk, mit einer Breite von 255 mm, einer Tiefe von 115 mm und einer Höhe von 160 mm, steht auf einer 2,5 mm starken Hartfaserplatte in der Größe von 400 x 300 mm.

Wie bei den beiden vorherigen Krippen, wird auch bei diesem Modell die Landschaft mitdazugestaltet. Das hat den Vorteil, daß Sie an dem bevorstehenden Festtag auf zusätzliche Dekorationsbesorgungen verzichten können.
Die Figurengruppe sollte eine Höhe von 11 cm nicht überschreiten; optimale Standgröße: 8 cm. Sollten Sie sich für eine Figurengruppe, ab Seite 100, begeistern, dann wählen Sie für dieses Krippenmodell die Holzfigurengruppe. Sie paßt in der Farbe vortrefflich zum unbehandelten Pappmachéton.
Beginnen Sie als erstes mit der Herstellung des Machéteiges. Die Zugabe der Wassermenge steht auf jeder Verpackungsform. Für das Umfüllen des flockenartigen Machépulvers nehmen Sie am besten einen kleinen 5-l-Eimer; so bleibt die sich bildende Staubwolke im Gefäß. Zuerst langsam beide Teile, Wasser und Pulver, vermischen, umrühren, dann kräftig zu einem Teig kneten. Löst sich letzterer vom Boden, arbeiten Sie auf Ihrem Basteltisch weiter, denn so können Sie ihn richtig abschlagen. Dieser Arbeitsgang geht etwas in die Arme, aber je länger Sie kneten, desto geschmeidiger wird Ihr Teig.
Bei größerer Teigmenge, die Masse zwei- bis dreimal aufteilen. Die nicht benötigten Teile zu Kugeln formen und in ein angefeuchtetes Tuch einschlagen. Das zum Weiterverarbeiten ebenfalls zur Kugel geformte Teilstück mit dem Handballen flach drücken und mit dem Nudelholz ausrollen. Achten Sie darauf, daß Sie eine rechteckige Form erhalten; so haben Sie nachher weniger Verschnitt (1. Grafik, Seite 27).
Sie benötigen erstmals eine Teighöhe von 30 cm. Daraus schneiden Sie Felsblöcke in unterschiedlicher Größe. Nehmen Sie die Bauzeichnung zu Hilfe, und teilen Sie Ihre Teigflächen wie folgt ein: 4 Blockteile A, 5 x 3,5 cm; 2 Blockteile B, 3,5 x 7 cm; 10 Blockteile C, 3,5 x 3,5 cm; 4 Blockteile D, 2,5 x 3,5 cm; 2 Blockteile E, 3,5 x 1,7 cm; 2 Blockteile F, 2,5 x 7 cm; 1 Block G, 2,5 x 11 cm; 2 Blockteile H, 2 x 5 cm; 2 Blockteile J 1,7 x 3 cm; 1 Block L, 2,5 x 3 cm.
Von einer auf 8 mm starken, ausgerollten Teigplatte schneiden Sie den Block K, als Dachplatte, in der Größe von 15 x 24 cm ab, und entfernen Sie eine Ecke an der vorderen Seite. Lassen Sie dabei 10 cm der Längsseite und 8 cm der Querseite stehen; in einer zur Plattenfläche hin verlaufenden Rundung, das Eckstück abtrennen. Je nach Gefallen formen Sie: einen Stützbalken für die Dachplatte, 1,6 x 1,6 cm, mit einer Höhe von 16 cm; einen Zaunmauerstein, 2 cm breit, 1,5 cm tief und 7 cm hoch; 15 Steine zum Aufbau von Abgrenzungsmäuerchen, 2 cm breit, 2 cm tief und 1 cm hoch; 7 Randsteinplatten, 2 cm breit, 5 cm lang und 1 cm hoch; aus der restlichen Teigmasse Pflastersteine, 1 cm breit, 1 cm tief

Grundriß und Baukonstruktion finden Sie auf der übernächsten Doppelseite.

Pappmachékrippen

Das Foto unten zeigt die Rückseite des Modells „Felsenkrippe". Zur Orientierung vergleichen Sie diese Ansicht mit der Zeichnung in der Bauvorlage.

und 0,5 cm hoch. Verwenden Sie zum Schneiden der Teigplatten möglichst ein langschneidiges Messer. Kinder können die größeren Felsblöcke auch von Hand formen. Hierzu pausen Sie pro Buchstabenblock die Kontur der Vorderfront von der 1:1 angelegten Bauzeichnung ab, beschriften Sie die Vorlage mit dem betreffenden Buchstaben und handhaben Sie das Ganze wie eine Schablone.

Jetzt die einzelnen Bauteile so auf einer oder mehreren Ablageflächen verteilen, daß sie sich möglichst nicht berühren. Verwenden Sie für größere Formen z.B. einen Gitterrost, für kleinere Formen eventuell ein Backblech. Alle Steine nun gut durchtrocknen lassen, wobei die Teile durch den Wasserentzug etwas schrumpfen und dabei auch eine hellere Farbe erhalten. Lassen sich die Teile mit dem Fingernagel nicht mehr eindrücken, dann ist der Trockenvorgang auf der Oberseite beendet, und die Steine können gewendet werden. An Sonnentagen geht das Trocknen recht schnell voran, ansonsten genügt eine trockene Raumtemperatur.

Während dieser Phase teilen Sie Ihre Bodenplatte anhand des Grundrißplanes ein. Beginnen Sie beim Aufbau mit der Rückwand, und halten Sie sich an Zeichnung B der Baukonstruktion. Die Blöcke, nacheinander und versetzt übereinander, mit Leim verkleben. Mit den zwei kleinen J-Blöcken enden. Die rechte Seitenwand schließt mit der rechten, inneren Rückwandkante ab, die linke Wand mit der linken, inneren Durchgangskante. Beachten Sie beim Aufbau Zeichnung C. Passen Sie die Deckenplatte anschließend diesen drei Wandmauern an, überprüfen Sie die Länge des Stützpfostens an der vorderen, hervorstehenden Deckenplatte, und schleifen Sie entweder die Überlänge ab, oder geben Sie

Pappmachékrippen

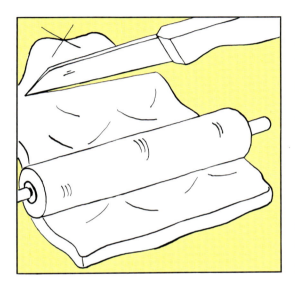

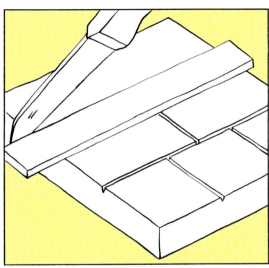

In der ersten Grafik wird der Pappmachéteig ausgerollt und in eine rechteckige Form geschnitten, bzw. die Seiten werden begradigt.

In der zweiten Grafik werden mit Hilfe eines Lineals oder eines flachen Leistenholzes die abgemessenen Bausteine abgetrennt. Die benötigten Steingrößen zuerst vorritzen, d.h. den Teig einteilen, dann erst aufschneiden.

von den kleineren Steinen der Mäuerchen einen als Verlängerung dazu. Kleben Sie dann zuerst den Pfosten, danach die Deckenplatte auf; sparen Sie nicht mit Leim. Letzterer läßt sich schnell mit einem feuchten Tuch abwischen, ansonsten trocknet er transparent auf. Die Randsteine im Durchgang und an der Innenseite der Wandmauern entlang, nach außen ziehend, auf der Bodenplatte fixieren. Ebenso die Pflastersteine, wenn möglich versetzt, dazugestalten. Versuchen Sie bewußt, Unregelmäßigkeiten mit einzubeziehen, da strenge Abgrenzungsformen den natürlich wirkenden Baustil hemmen.

Zum Schluß der Bauphase zwei Mäuerchen anlegen, die Zaunmauer setzen und mit Zweigen einen Zaun anfertigen: zwei Zaunpfosten als rechte und linke Stütze, zwei verkreuzte Querbalken als Sperre, und einen aufliegenden Querbalken als Abschluß zusammenleimen. Diesen Abgrenzungszaun zwischen dem Dachpfosten und der Zaunmauer befestigen. Restliche Steine auf der Bodenplatte verteilen.

Die gesamte Bodenfläche nach und nach mit Leim abdecken, und kleingeschnittenes Heu einen Zentimeter hoch darüber verteilen. Das Ganze mehrmals andrücken und nach einer halben Stunde mit Hilfe eines Pinsels den noch losen Restbestand entfernen. Auch auf dem Dach können zwei bis drei Stellen mit Heu abgedeckt werden. Die Feuerstelle im Vordergrund mit kleinem Zweigbruch kegelförmig aufschichten und festkleben. Als zusätzlicher Stützbalken dient ein längerer Zweig, eingeklemmt zwischen einem kleinen Bodenstein und der Deckenplatte.

Echte Felsbruchstücke dazudrapieren, und schon erhält das Krippenmodell seinen felsigen Charakter.

Anstelle von Heu kann auch Moos oder ähnliches Material als Bodendeckung bzw. Bewuchs verwendet werden.

Mein Tip:

Als Hintergrunddekoration passen zwei bis drei rote Weihnachtssternpflanzen – als farbenfreundlicher Blickfang – hervorragend zu dieser hellen Krippe.

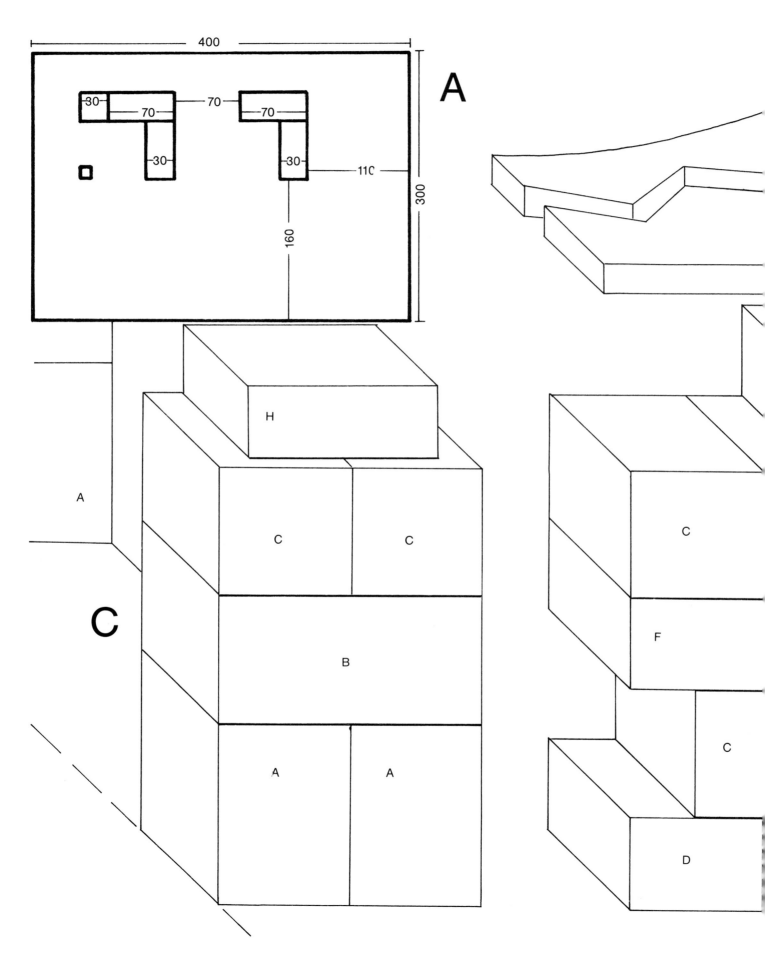

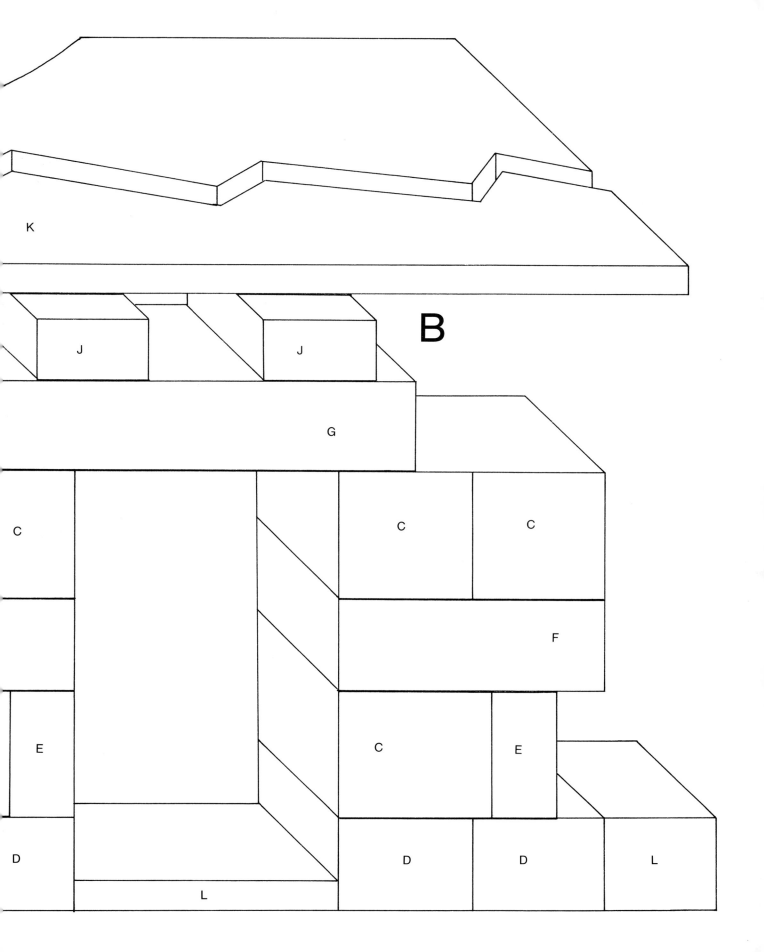

Krippenbau mit Pappkarton

Pappkartonkrippen

Krippendorf...

Material:
Häuser:
2,5 mm Papp- bzw. Modellkarton, 400 x 400 mm, 6 Stück
Uhu hart
Lackfarben: weiß, ocker, grün, weinrot, braun, schwarz
Metallfarbe, gold
Vogelsand
Spitzenreste
1 Glöckchen

Landschaft:
Styropor, Verpackungsmaterial
Styroporkleber
Moltofill

Grundriß und Bastelvorlage finden Sie auf der übernächsten Doppelseite.

Ein Krippenmodell besonderer Art. Viele Details sind beweglich und können nach Lust und Laune verstellt werden. Sie benötigen ungefähr 4 bis 5 Tage für die Herstellung. Die Bastelvorlage auf der übernächsten Doppelseite zeigt Ihnen die einzelnen Bauteile, die mit Buchstaben gekennzeichnet und mit Originalmaßen, in Millimeter, versehen sind.

Optimale Figurengröße für dieses Modell ist 9 cm. Die Figurengruppe aus Papier von Seite 115 könnte verwendet werden.

Zeichnen Sie die Bauteile direkt auf Ihren Modellkarton, und beginnen Sie mit dem Haupthaus, das aus den Teilen A, B, C, D, E, F, G, H und K besteht. Das Haus selbst ist 199 mm hoch, 250 mm lang und 148 mm breit. Zuerst die Außenkontur maßgerecht übertragen, dann die Innenkonturen wie Fenster, Türen und auch die gestrichelten Hilfslinien, die anzeigen, wo eingeritzt und geknickt wird.

Überlegen Sie an dieser Stelle, ob Sie die Fenster ganz ausschneiden wollen oder ob Sie Fensterläden vorziehen, denn dann halbieren Sie die Fenster mit einem durchgezogenen Strich und stricheln Sie die seitlichen Fensterkonturen. Die Balkontüre ebenso handhaben und die Eingangstüre auf der linken Seite stricheln. Diese Arbeitsweise berücksichtigen Sie auch am Blockhaus. Der Karton selbst ist so stabil, daß die beweglichen Teile nur ein-

Pappkartonkrippen

…mit vielen Details

Pappkartonkrippen

geritzt werden brauchen. Ritzen Sie 2 mm tief, so erhalten Sie fransenfreie Knickstellen.
An der Haupthaus-Vorderseite, Teil A, ist die rechte Seitenwand angeschnitten. Links neben der Eingangstür befindet sich eine zusätzliche Hilfslinie, die Ansatzstelle für den Vorbau, Teil J.
Teil B, die Rückwand, mit angeschnittener, linker Seitenwand, hat die Konturengröße wie Teil A. Den seitlichen Dachgiebel, Teil C, benötigen Sie 2mal; auf der 154-mm-Linie mittig 44 mm hoch messen, dann die Eckpunkte verbinden. Das Dach des Hauses, Teil D, wie dargestellt anlegen, ebenso Teil E, den Balkonboden und Teil F, das dazugehörige Geländer; Teil G, die Balkonsprossen, 19mal aufzeichnen. Teil H, der Kamin, ist zusammenhängend dargestellt und wird später in Einzelteile geschnitten. An Teil J, dem Vorbau, sind beide Seitenwände angeschnitten; die Frontlänge beträgt 150 mm, die Höhe ebenfalls 150 mm. Teil K, das Vorbaudach, ebenfalls wie dargestellt übernehmen. Nicht aufgeführt ist der Dachboden (die Zwischendecke), der nach dem Zusammenkleben der Wände am Standmodell ausgemessen werden muß.
Die Kirche besteht aus den Teilen L, M, N, O, P und Q. An der Vorderseite, Teil L, ist die rechte Seitenwand angeschnitten; Länge, Höhe und Breite entnehmen Sie von Teil M, der Kirchenrückseite, mit angeschnittener, linker Seitenwand. Beachten Sie bei der Eingangstüre, daß beide seitlichen Konturen gestrichelt sind. Grundsätzlich übernehmen Sie alle Konturlinien wie angegeben. Die Turmvorderseite mit angeschnittenem linken Seitenteil, hat eine Eingangstüre mit einseitig gestrichelter Konturmarkierung. Die Frontfenster sind leicht abgerundet, die Giebelfenster haben eine konisch zulaufende, abgerundete Spitze. Teil O zeigt die Rückseite des Turms mit angeschnittenem rechten Seitenteil. Größe und Fensterformen entsprechen denen von Teil N. Teil P, das Turmdach, und Teil Q, das Kirchendach, wie dargestellt übernehmen.
Das Blockhaus besteht aus R, S und T. An Teil R, der Hausvorderseite, grenzt die rechte Seitenwand an. Die Rückseite, Teil S, ist mit der linken Seitenwand verbunden. Das Dach, Teil T, wie dargestellt anlegen.

Auf diesem Foto können Sie den Verlauf des Balkongeländers deutlich erkennen. Spitzenreste an den Fenstern machen das Haupthaus so richtig wohnlich.

Pappkartonkrippen

Haben Sie alle Teile aufgezeichnet, dann kann das Ausschneiden erfolgen. Verwenden Sie einen Cutter (Schneidmesser) mit kräftiger Klinge, da der Karton mit viel Druck zugeschnitten werden muß. Schneiden Sie zuerst alle Außenkonturen aus, dann die Innenkonturen nach. Beachten Sie nun, daß alle gestrichelten Linien, die die Seitenwände von den Hauptwänden trennen, 2 mm tief eingeritzt werden; ebenso handhaben Sie die Teilungslinie der Dächer. Beachten Sie auch, daß die beschriftete Kartonseite gleichzeitig die Außenseite bildet, nur so können Sie die Teile nicht verwechseln. Türen und Fensterläden werden nach außen hin geöffnet und müssen daher von der Innenseite, d.h. von der nicht beschrifteten Kartonseite an den gestrichelten Linien eingeritzt werden.

Die betreffenden Zuschnitteile knicken und die zusammengehörenden Hauswände kantengleich aneinanderkleben. Um die Stabilität des Haupthauses zu verstärken, messen Sie, von den äußeren Kanten ausgehend, Länge mal Breite, die Zwischendecke (Dachboden) aus, übertragen Sie das Maß auf den restlichen Modellkarton, schneiden Sie die Deckplatte zu und kleben Sie diese kantengleich auf die Hauswände. Die Seitengiebel rechts und links ebenfalls aufsetzen und mit dem Dach abdecken. Fensterkreuze anfertigen und an die betreffenden Stellen setzen. Den Kamin so zusammenkleben, daß er senkrecht nach oben steht. Den Vorbau kantengleich ansetzen und das Dach den Giebelseiten anpassen. Den Balkon so zusammenbauen, daß die Sprossen auf dem Balkonboden entlang der äußeren Kante aufsitzen; darauf das Geländer ausrichten. Das Ganze erst nach dem Anstrich anbringen.

Blockhaus und Kirche können ohne weitere Hinweise zusammengebaut werden.

Nun beginnt die Malerarbeit; die einzelnen Teile, wie in der Abbildung zu erkennen, anstreichen. Auf die noch feuchte Farbe des Vorbaus wurde Vogelsand aufgestreut und nach dem Auftrocknen noch einmal lackiert. Das Glöckchen im Kirchturm anbringen. Die Landschaft in der Größe 810 x 500 mm aus Styropor anfertigen. Beachten Sie hierzu die beiden obenstehenden Grafiken. Nicht zuviel Farbe beim Anstrich verwenden, da Lackfarben das Styropor zersetzen können, wobei sich bei leichter Zersetzung eine reizvolle Struktur bildet.

Die erste Grafik zeigt den Aufbau der Styroporlandschaft. Die Teile werden, stückweise aneinander und versetzt übereinander, mit einem Spezialkleber zusammengefügt. Mit Hilfe eines Spachtels läßt sich letzterer gut verteilen.

Die zweite Grafik zeigt die linke vordere Landschaftsecke mit bereits herausgeschnittenen Treppen. Andere Kanten werden mit einem scharfen Messer oder Cutter stufig abgeschrägt. Mit Moltofill können Risse ausgefugt und bestimmte Trittstellen verstärkt werden. Auch hierzu eignet sich am besten ein Spachtel.

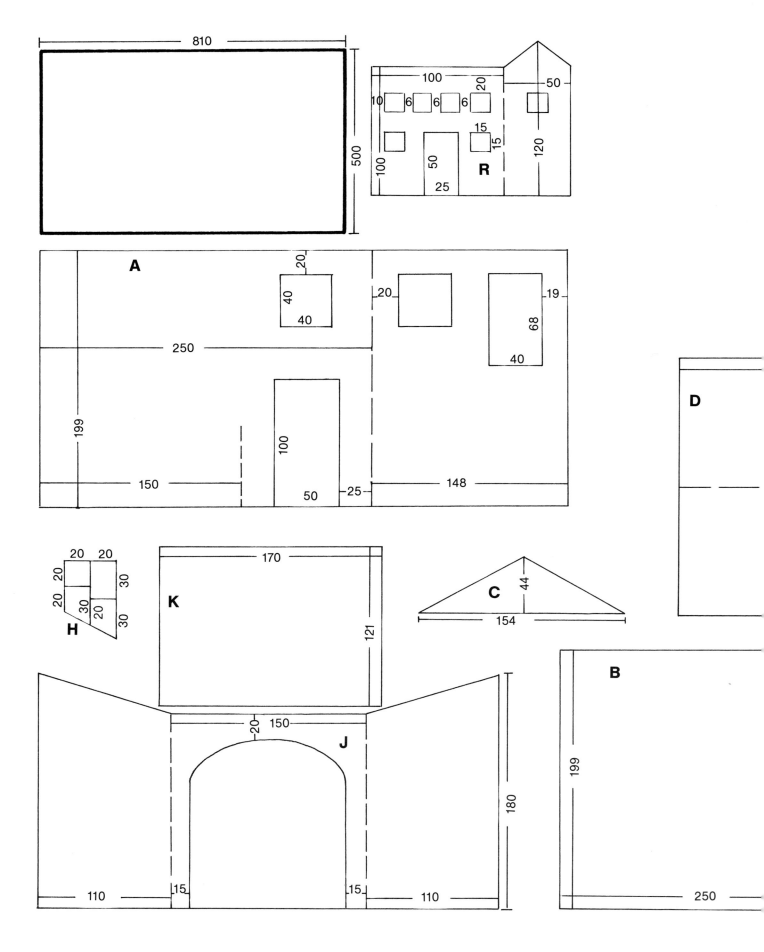

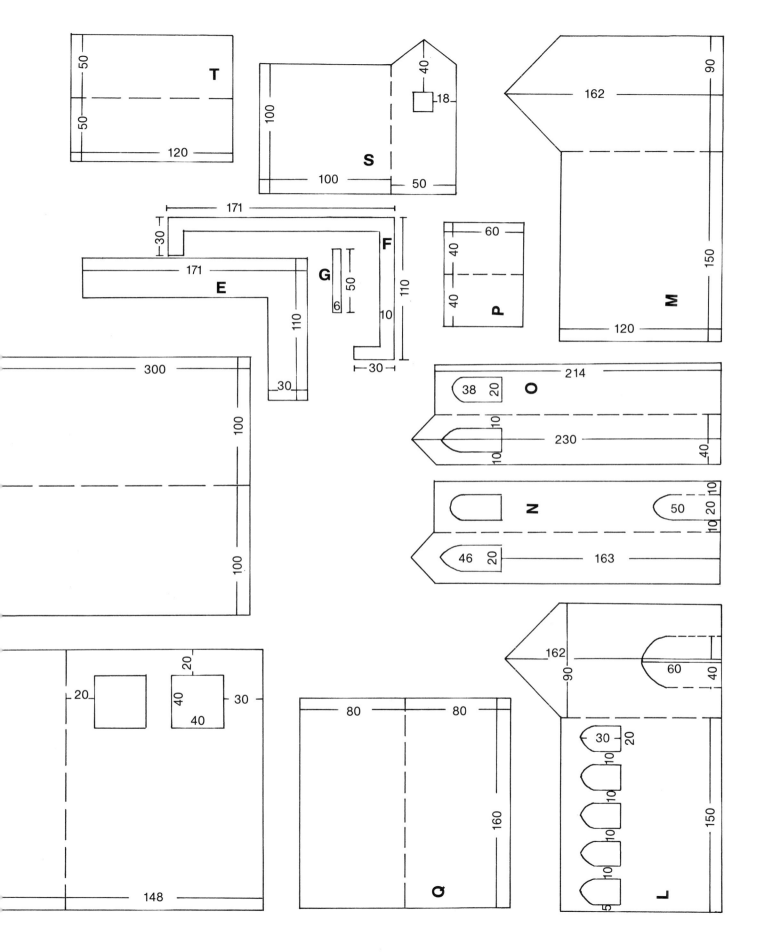

Pappkartonkrippen

Säulenkrippe

Material:
2,5 mm Papp- bzw. Modellkarton, 400 x 400 mm, 4 Stück Balsabastelholz, 21 mm und 9 mm stark Pappröhren, 3 Stück Uhu hart Lackfarbe, altweiß Vogelsand Metallglitter, gold

Grundriß und Bastelvorlage finden Sie auf der übernächsten Doppelseite.

Ein nicht alltägliches Krippenmodell mit freundlicher Ausstrahlung. Das Material ist kostengünstig und leicht zu handhaben.

Wenn Sie geschickt sind und bereits Erfahrung mit dem Zuschnitt von Pappkarton gesammelt haben, dann werden Sie diese Krippe in einem Tag anfertigen können; Ungeübte sollten 2 Tage einplanen.

Der Grundriß und die 1:1 dargestellte 2teilige Stadtmauer finden Sie auf der übernächsten Doppelseite.

Die Gesamtgröße dieses Modells beträgt 400 mm in der Breite, 400 mm in der Tiefe, und hat eine maximale Höhe von 360 mm.

Für diese Krippenausführung genügt ein kleiner Figurensatz, bestehend aus Maria, Josef, Jesuskind und wenn möglich mehreren Engelskindern. Die Figurengröße sollte 20 cm nicht überschreiten; optimale Größe: 16 cm. Wie in der Abbildung erkennbar, wurde eine farbige Fensterbildgruppe (Selbstklebefolie) auf Kunstglas geklebt und mit doppelseitigem Klebeband an den Säulen befestigt. Pastellfarbige Wachsfiguren könnten ebenfalls die Krippenszene harmonisch abrunden.

Bei der Aufteilung einer Ihrer Kartonplatten achten Sie auf den Grundrißplan, Zeichnung A. Alle Maße sind hier Millimeterangaben.

Fertigen Sie zuerst den Treppenaufgang mit dem Podest an. Hierzu benötigen Sie das 9 mm starke Balsaholz, von dem Sie 9 mm breite Sockelleisten abschneiden. Für die erste Treppenstufe brauchen Sie 4 Leisten à 24 cm; für die zweite Treppenstufe schneiden Sie 4 Leisten à 22 cm zu und für die dritte Stufe 4 Leisten à 19 cm. Anschließend schneiden Sie aus einem weiteren Modellkarton die Trittplatten heraus: für die erste Treppenstufe benötigen Sie ein Plattenmaß von 26,7 x 25 cm, für die zweite Stufe brauchen Sie eine Platte von 23,7 x 22 cm und für die dritte Trittplatte schneiden Sie die Größe von 20,7 x 19 cm zu. Kleben Sie nun alle Leisten auf den dazugehörenden Plattenzuschnitt auf. Achten Sie dabei auf Kantengleichheit. Diese drei Podeste werden so übereinandergesetzt, daß gleichbreite Trittstufen entstehen. Die Leisten möglichst plan aufkleben. Den Stand des Treppenpodestes auf der Bodenplatte entnehmen Sie, wie vorher bereits erwähnt, dem Grundrißplan.

Für die Säulen verwenden Sie Pappröhren von Haushaltspapierrollen, die Sie in drei verschiedenen Längen schneiden: die vordere Säule hat eine Höhe von 26 cm, die zurückversetzte Säule 28 cm und die untere Säule 25 cm. Bei allen drei Röhren an den Enden 1,5 cm abmessen, mit einem Bleistift die Abmessung ringsum markieren und mehrmals bis zu dieser Stelle die Kanten einschneiden. Sehen Sie hierzu auch die erste Grafik auf Seite 41. Bevor Sie die Kanten nach innen drücken, ritzen Sie mit dem Cutter entlang der Bleistiftmarkierung die Knickstelle ein, so lassen sich die Kanten leichter nach innen legen. Achten Sie darauf, daß die Schnittkanten in gleicher Richtung untereinanderliegen, das hat den Vorteil, daß sich die Pappröhren leichter und auch planer aufkleben lassen.

Schneiden Sie nun die Säulensockel 6mal in der Größe von 6 x 6 cm aus dem 21 mm starken Balsaholz zu. Von diesen Zuschnitteilen werden drei Quadrate als Säulenaufsatz verwendet. Für letzteren benötigen Sie noch 2mal einen Zuschnitt von 10 x 10 cm. Die Säulen werden folgendermaßen zusammengesetzt: die vordere Säule, mit neuer Höhe von 23 cm, erhält einen Sockel, einen kleinen und einen großen Säulenaufsatz; die versetzte Säule, mit neuer Höhe von 24 cm, erhält die gleiche Ausstattung; die untere Säule, mit neuer Höhe von 22 cm, erhält einen Sockel und nur einen kleinen Säulenaufsatz. Die Pappröhren mit Uhu versehen, auf die betreffenden Sockelquadrate mittig aufkleben, die Aufsätze ebenfalls aufkleben und alle drei Säulen beschweren, bis der Klebstoff auftrocknet. Je nach Gefallen die Säulen auf dem Podest und der Bodenplatte befestigen.

Den Firstdurchgang mit 21 x 21 mm breiten und 19 cm hohen Säulen anfertigen. Einen niedrigen Sockel als Unterbau anbringen. Den Stand der Säulen entnehmen Sie dem Grundrißplan, Zeichnung

Pappkartonkrippen

A. Verwenden Sie für dieses Baudetail das 21 mm starke Balsaholz. Davon entnehmen Sie auch den Blockaufsatz des Durchgangs, in der Größe von 21 x 4 cm, den Sie an einem Ende etwas abschrägen. Zwei kleine 3 x 3 cm Quadratblöcke bilden die Firstauflage; diese daher an den äußeren Kanten abschrägen. Den First selbst schneiden Sie aus dem 9 mm starken Balsaholz aus, so daß Sie zwei Leisten mit 16 cm Länge und 0,5 cm Breite haben, die Sie an jeweils einem Ende so abschrägen, daß beim Zusammenkleben ein Winkel von ca. 125° entsteht. Eine Abgrenzungsmauer aus gleichstarken, aber unter-

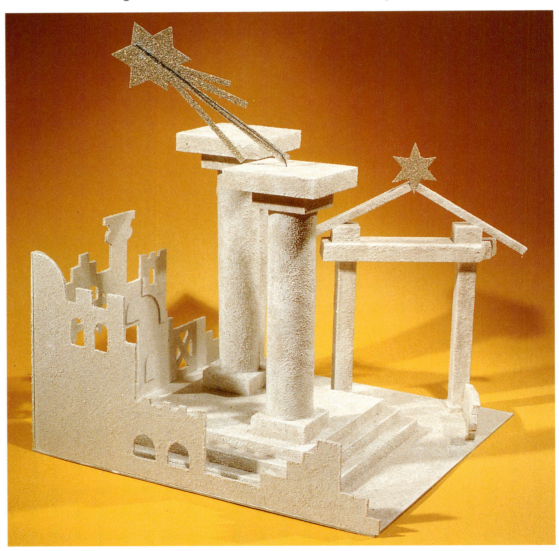

Das Foto zeigt die Rückseite der Säulenkrippe. Sie können je nach Geschmack diese Ansicht auch als Frontansicht verwenden, sollten dann aber die beiden Stadtmauermotive versetzen.

Pappkartonkrippen

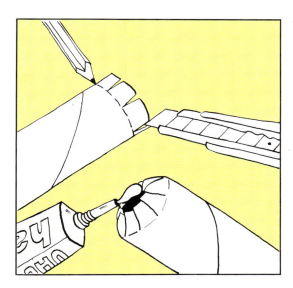

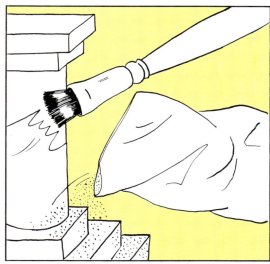

Die Pappröhren an den Enden einschneiden, wie in der ersten Grafik dargestellt, und die Kanten bis zur Schnittiefe gleichmäßig nach innen einknicken; Uhu darauf verteilen und aufkleben.

Das ganze Krippenmodell lackieren und auf die noch feuchte Farbe Vogelsand aufstreuen, der zusammen mit der Lackfarbe auftrocknet.

schiedlich langen Leistenstükken, stufig versetzt übereinanderkleben und der rechten Durchgangssäule anpassen.
Wenn Sie sicher sein können, daß die Säulen fest aufsitzen, kann die Malerarbeit beginnen. Mit einem altweißen Farbton zuerst den Boden, dann die Säulen lackieren. Auf den noch feuchten Lack den Vogelsand aufstreuen und mit der Farbe antrocknen lassen. Sehen Sie hierzu auch die zweite Grafik. Legen Sie für diesen Arbeitsgang eine großzügig auseinandergefaltete Zeitung unter Ihre Krippe, da der Sand beim Aufstreuen recht umherspringt. Den nicht aufgetrockneten Vogelsand durch Abkippen der Bodenplatte wieder entfernen oder mit einem Pinsel vorsichtig herunterholen.
Die Stadtmauerkontur im Hintergrund der Krippe entnehmen Sie der Bastelvorlage.

Zeichnung B, die durchgezogene Linienkontur stellt die linke Mauer dar. Zeichnung C entspricht der hinteren Stadtmauer des Krippenbildes und ist erkennbar anhand der gestrichelten Konturlinie. Pausen Sie beide Motive getrennt voneinander auf je ein Transparentpapier ab, schneiden Sie die Kontur aus und entfernen Sie die inneren Ausschnittflächen. Diese Vorlage kann als Schablone verwendet werden, die Sie auf einen Ihrer restlichen Modellkartons auflegen und nachzeichnen. Mit einem stabilen Cutter (Schneidemesser) die komplette Stadtmauerform ausschneiden, lackieren und, wie vorher bereits erläutert, den Vogelsand aufstreuen. Lackieren Sie sowohl die Vorder-, als auch die Rückseite.
Anschließend die beiden Mauernteile über Eck aneinanderkleben und kantengleich auf die Bodenplatte setzen. Sparen Sie bei diesem Arbeitsgang nicht mit Klebstoff. Eventuell Stützen von der Rückseite her während der Trocknungsphase anbringen.
Als krönender Abschluß einen Kometstern sowie einen kleinen Stern aus restlichen Kartonstücken schneiden, mit Klebstoff versehen und Goldglitter darüberstreuen. Den kleinen Stern mit einer kopflosen Stecknadel an der Firstspitze anstecken und den Kometen, an der Rückseite mit einem Draht abgestützt, an der vorderen Säule aufstecken.

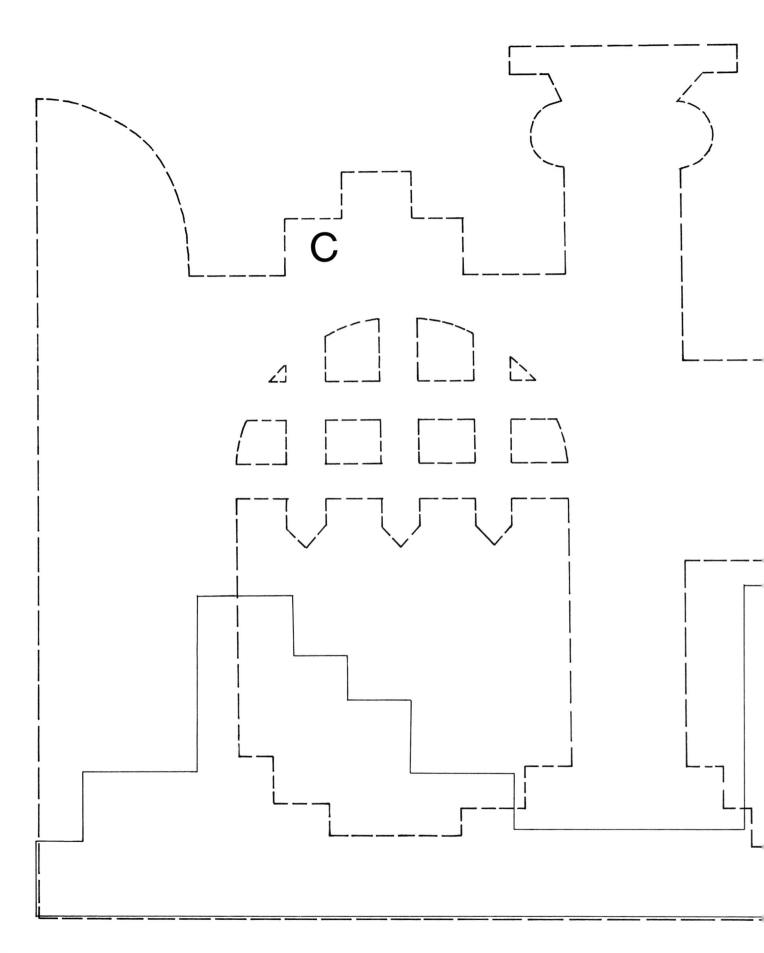

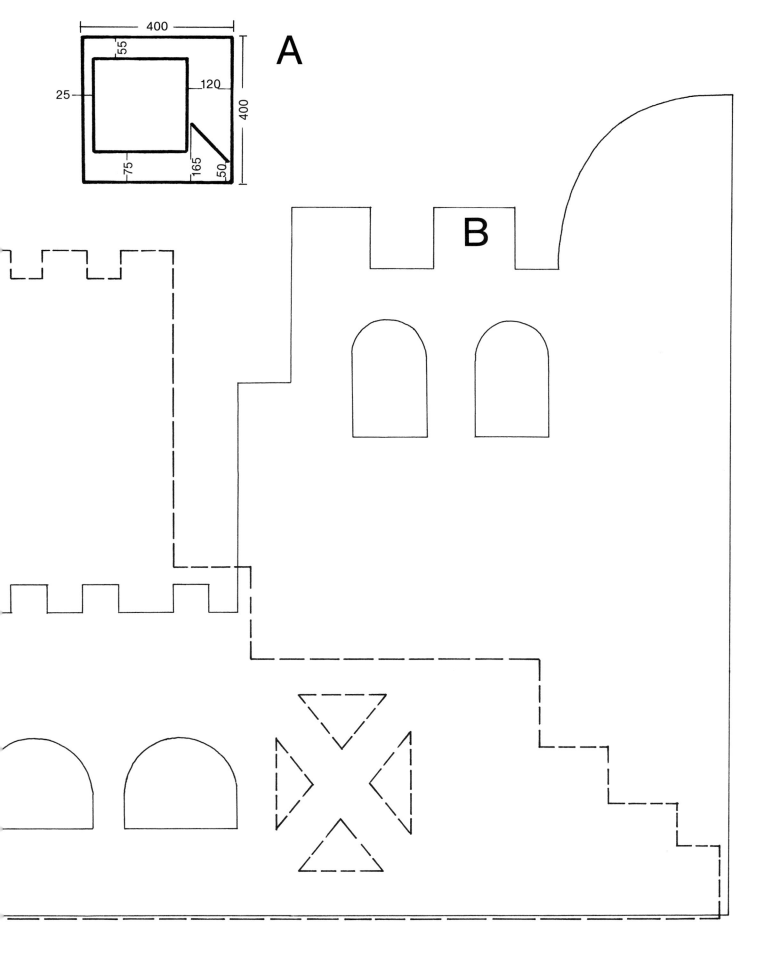

Holzkrippen

Stallkrippe

Material:
2,5 mm Papp- bzw. Modellkarton, 400 x 400 mm, 4 Stück Uhu hart Bastelfarbe: hellbraun, dunkelbraun

Eine stabile Krippe, die auch einmal zum Spielen hergenommen werden kann. Durch die offene Architektur kann man von allen Seiten einblicken.

Je nach Geschicklichkeit kann dieses Modell in einem Tag bzw. in zwei Tagen angefertigt werden. Die Bauweise ist einfach, da die ausgeschnittenen Kartonteile nur geknickt und zusammengeklebt werden.

Grundriß und Bastelvorlage finden Sie auf der übernächsten Doppelseite. Alle Maße sind in Millimeter angegeben. Die Buchstaben innerhalb der Bauteile sind in der nachfolgenden Anleitung erklärt.

Die Gesamtgröße beträgt 400 mm in der Länge, 300 mm in der Tiefe und 230 mm in der Höhe. Das Bauwerk selbst hat eine Größe von 400 x 185 mm, wobei die Höhe sich nicht verändert. Wenn Sie gerne mit Papier arbeiten, dann sollten Sie unbedingt die Figurengruppe von Seite 115 anfertigen, da diese in Größe und Farbe optimal zu diesem Krippenmodell paßt; je mehr Schafe, desto schöner. Ansonsten verwenden Sie Figuren mit maximaler Standgröße von 11 cm.

Grundsätzlich übernehmen Sie alle Außen- und Innenkonturen, auch die gestrichelten Linien, wie in der Vorlage angegeben. Die Maßlinien brauchen nicht übernommen zu werden. Die Maßangaben sind Originalmaße, die Sie am besten direkt auf Ihren Modellkarton übertragen. Verwenden Sie dazu einen weichen Bleistift, drücken Sie nicht zu fest auf, so daß Sie bei einer Korrektur die Strichstärke leicht wieder entfernen können. Auch hierbei einen weichen Radiergummi verwenden, so daß die Kartonstruktur nicht beschädigt wird.

Beginnen Sie, anhand der Zeichnung A die Frontseite mit angeschnittener rechter Seitenwand anzulegen. Halten Sie sich exakt an die Maßangaben. Das Gesamtmaß können Sie von der Zeichnung B, der Rückwand, mit angeschnittener linker Seitenwand entnehmen. Beide Teile sind entlang der Außenkontur gleich groß.

Zeichnung D, das Dach, ebenfalls aufzeichnen, den Grundrißplan innerhalb dieser Zeichnung selbstverständlich aussparen.

Zeichnung C, der Dachboden, mit angeschnittenen Dachgiebeln (Seitengiebeln) wie dargestellt, anlegen. Zeichnen Sie hierbei zuerst das Rechteck mit seitlich gestrichelten Linien, und messen Sie von letzteren mittig im rechten Winkel 70 mm ab. Diesen Punkt mit den Rechteckpunkten verbinden.

Die beiden letzten Teile, Zeichnungen E, die Stützbalken, sind in Originalgröße dargestellt und können somit 1:1 abgepaust werden.

Haben Sie alle Bauteile aufgezeichnet, dann schneiden Sie zuerst deren Außenkontur, danach die durchgezogenen Innenkonturen aus. Für diesen Arbeitsgang verwenden Sie bitte einen Cutter mit starker Klinge.

Für die spätere Verarbeitung beachten Sie an dieser Stelle, daß die Kartonseiten mit Ihren Bleistiftstrichen immer die Außenseiten des Baumodells darstellen; so können die einzelnen Teile nicht verwechselt werden und der Zusammenbau ist einfacher.

Bei Teil A haben Sie zwei Möglichkeiten. Entweder Sie schneiden den Toreingang komplett heraus und kleben die Tür später wieder an, oder Sie ritzen diese entlang der linken Torlinie bis zum angehenden Torbogen diese von der linken Kartonseite (Innenwand) 2mm tief ein, so daß sich das Tor bzw. die Tür leicht nach außen hin öffnen läßt.

Die gestrichelten Linien werden ebenfalls 2 mm von der rechten Seite (Außenseite) eingeritzt. Alle Teile entlang dieser Stelle knicken und mit dem Zusammenbau beginnen.

Kleben Sie jeweils die Kanten der Seitenteile von A und B stumpf auf das verbindende Frontteil; so erhalten Sie ein gleichmäßiges Rechteck.

Die Klebevorgänge habe ich immer folgendermaßen bewerkstelligt: Klebstoff auftragen, etwas anpusten, so daß die obere Schicht matt erscheint, dann möglichst korrekt auf die betreffende Stelle pressen; zuerst mit leichtem Druck, dann kräftig nachdrücken. Sie spüren sofort eine leichte Stabilität der Klebestelle; dies betrifft nur schnelltrocknende Klebstoffe.

Grundriß und Bastelvorlage finden Sie auf der übernächsten Doppelseite.

Holzkrippen

Das Foto unten zeigt das Krippenmodell mit Blick auf die linke Seitenwand. Zaun und Sprossenleiter können nach Belieben umgestellt werden.

Je nach Gefallen können Sie nun eine Zwischenwand einsetzen. Messen Sie die Tiefe Ihres Modells aus und bestimmen die Höhe; schneiden Sie dieses Teilstück aus Ihrem restlichen Karton zu, und kleben Sie es an Ort und Stelle.
Jetzt den Dachboden, Teil C, mit den nach oben geknickten Seitengiebeln auf die Hauswandteile aufsetzen, und das Ganze mit dem vorgeknickten Dach abdecken; die Giebel dabei senkrecht zum Dachboden hin ausrichten. Lassen Sie das Dach 10 cm über die rechte Seitenwand hinausragen.
Bringen Sie nun noch ein paar Details an, wie: Türverstärkungen, Lattenbeschläge an der Seitenwand, ein zusätzliches Gatter an der Stallfront oder einige Verzierungen mehr.

Die vorderen Stützbalken werden aus den Teilen E zusammengeklebt. Auch hier darauf achten, daß jeweils eine Kantenseite stumpf auf das zu verbindende Teil trifft. Die abgeschrägten Enden mit einer 3 x 3 cm großen Kartonfläche abdecken (verkleben); so haften die Stützbalken später besser am Hausdach. Verbinden Sie beide Balken mit einer

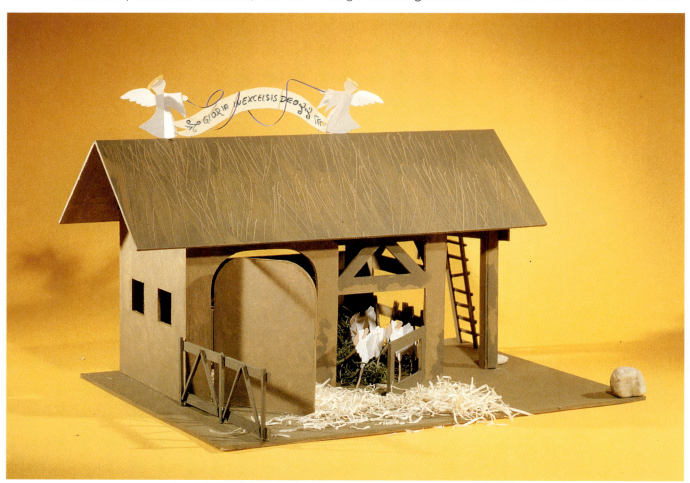

Holzkrippen

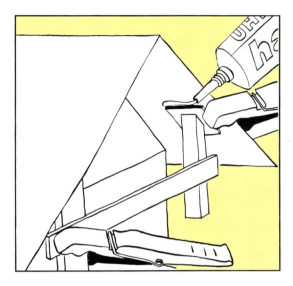 

Latte von 16 cm Länge und 1,3 cm Breite. Kleben Sie sie, von den abgeschrägten Enden, ein Drittel zurückversetzt, an.

Fertigen Sie noch ein paar Abgrenzungszäune und eine dazupassende Sprossenleiter an, und beginnen Sie mit der Malerarbeit.

Wenn Sie einen antiken Hausanstrich erhalten wollen, dann legen Sie zuerst eine hellbraune Farbe auf, lassen Sie diese nicht ganz antrocknen und tupfen Sie großzügig dunkelbraune Farbe darüber, so daß eine unregelmäßige Struktur entsteht. Auch die beweglichen Details werden so gehandhabt.

Kleben Sie dann den gesamten Stall auf eine Kartonplatte in der Größe von 400 x 300 mm auf, und ebenfalls die Stützbalken vor der rechten Seitenwand, die zusätzlich am Dach befestigt werden. Sehen Sie hierzu die erste Grafik, oben.

Nun noch dem Dach einen voluminöseren Charakter verleihen, so daß es etwas strohig aussieht. Sehen Sie hierzu die zweite Grafik, oben. Tragen Sie nacheinander zwei Farbschichten auf, die hellere unten, die dunklere oben, und kratzen Sie, vom Dachfirst zur unteren Dachkante hin, in kurzen und langen, etwas geschwungenen Strichbewegungen die Farbe etwas ab. Verwenden Sie eine Stopfnadel oder einen stumpfen Zahnstocher.

Um nun noch ein wenig Abwechslung in das Gesamtbild zu bringen, Türbeschläge und Zäune mit Braun abdunkeln und vereinzelt dunkelbraune Wandflecken anbringen.

Ein schwungvolles und durchaus reizendes Detail, ist das Schriftband auf dem Dach. Sie finden diese Vorlage auf Seite 117 beim Kapitel „Papierfiguren". Engel und Schriftband werden mit Stecknadeln in der Knickstelle des Daches befestigt; hierzu den Stecknadelkopf mit einer Zange abzwicken.

Die erste Grafik zeigt das Aufkleben der Stützbalken vor der rechten Seitenwand. Mit Hilfe von Wäscheklammern lassen sich die Klebeflächen gut zusammenpressen.

Die zweite Grafik zeigt, wie die Dachstruktur gearbeitet wird. Zwei Farbschichten kurz hintereinander auftragen, dann mit einer Stopfnadel, einem Zahnstocher oder ähnlichem in kurzen und langen Strichbewegungen die Farbe nach unten wegkratzen.

Mein Tip:
Kleingeschnittene Holzwolle im Stallinneren verteilen. Die Fläche außerhalb mit Topfpflanzengranulat und Vogelsand abdecken.

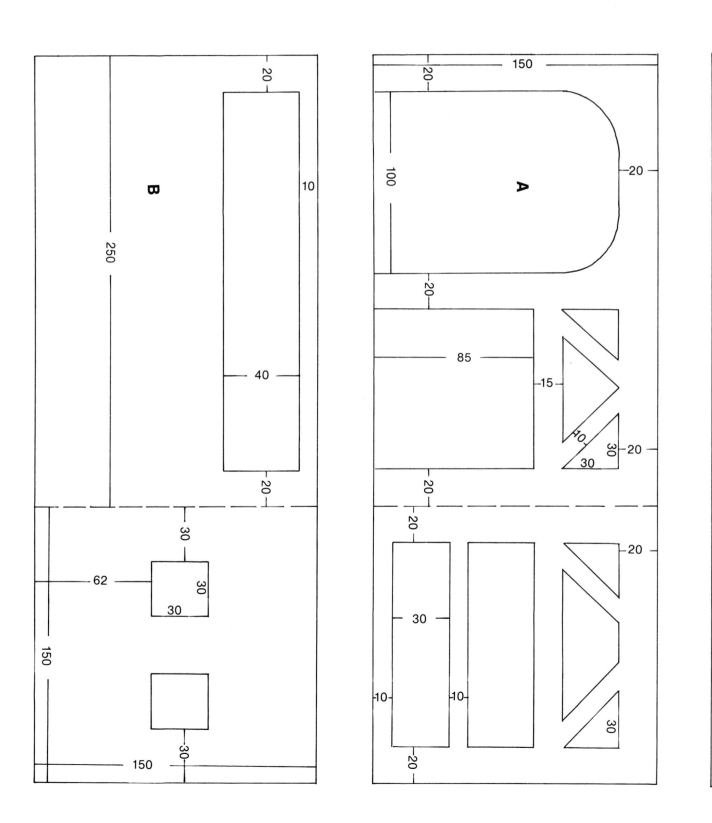

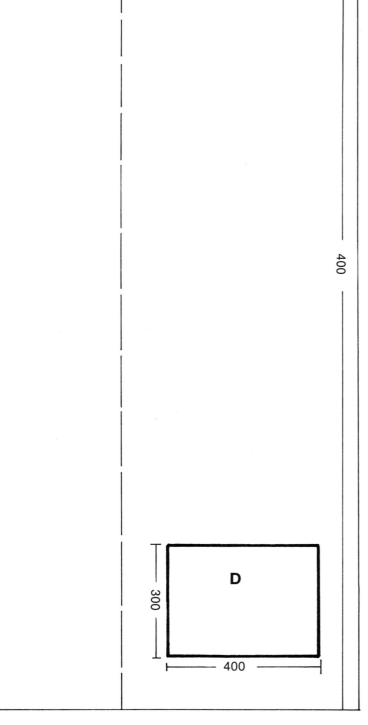
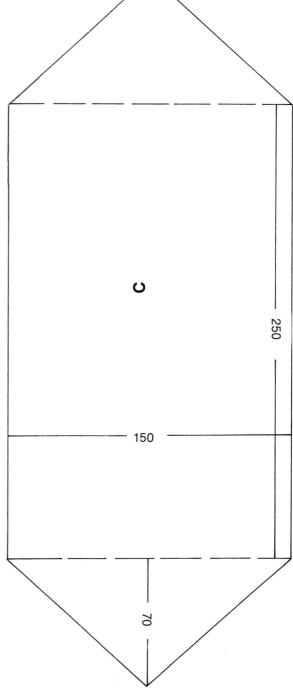

Krippenbau mit Holz

Holzkrippen

Hauskrippe…

Material:
9 mm Spanplatte, 590 x 390 mm
23 x 15 mm Leistenholz, ca. 5 m
2,5 mm Hartfaserplatte, 600 x 240 mm
Obstkistchenholz
Paneelholzreste
Holzleim (Ponal-Express)
Styropor (Verpackungsmaterial)
Nägel, 20 mm lang
Holzdübel, Ø 6 mm

Grundrißplan und Konstruktionszeichnungen finden Sie auf der übernächsten Doppelseite.

Ein Krippenmodell in heimatlicher Optik. Hier haben Wegwerfmaterialien eine neue Verwendung gefunden.
Je nach Geschicklichkeit und Erfahrung mit der Verarbeitung von Holz, kann dieses Bauwerk in 2 Tagen angefertigt werden.
Einen Grundrißplan, Zeichnung A, mit Standposition der Krippe und den notwendigen Bohrungen finden Sie auf der übernächsten Doppelseite. Dort können Sie auch anhand der Konstruktionszeichnungen (Maßstab 1:3) das Baugerüst klar erkennen. Die Beschriftung des gesamten Bauplanes ist im Grundrißplan in Millimeter angegeben, die großen Buchstaben erklären das Baudetail, die kleinen Buchstaben sind optische Hilfsmaße, die in der nachfolgenden Anleitung durch Originalmaße ersetzt werden.
Die Gesamtgröße beträgt 590 mm in der Länge, 390 mm in der Tiefe und 350 mm in der Höhe. Das Haus selbst ist 590 mm lang, 24 mm tief und 340 mm hoch.
Die Figurengröße sollte 12 cm nicht überschreiten. Dieses Krippenmodell bietet viel Gestaltungsfreiheit der Figurenanordnung. Zum einen, wie auf dem Foto Seite 50 abgebildet, oder eine Umplazierung der Hauptszenerie in den angebauten Unterstand des Hauses, wobei dann der Hauseingang mit einer bäuerlichen Figurenszene besetzt wird. Von den drei selbstgebastelten Figurengruppen, ab Seite 100,

Holzkrippen

…mit Heuboden

Holzkrippen

Das Foto unten zeigt die Rückwand der Hauskrippe. Wirkungsvoll die unregelmäßigen Dachbodensprossen.

passen am besten die Holzfiguren dazu.

Beginnen Sie mit der Aufteilung Ihrer Spanplatte. Übertragen Sie alle Linien, die auf dem Plan, Zeichnung A, angegeben sind, wobei die Verkreuzungen, die mit einem Punkt versehen sind, Bohrungen angegeben. Nun orientieren Sie sich an Zeichnung B für den Leistenzuschnitt. Schneiden Sie also 6 A-Leisten à 20 cm und 2 B-Leisten à 16 cm zu.

Diese Trägerleisten fixieren Sie nun auf Ihrer Bodenplatte. Die Löcher entsprechend Ihrer Dübelgröße anbringen, ebenfalls die Trägerleisten mittig anbohren und mit Leim und Holzdübel auf die Bodenplatte setzen, wobei die 23 mm breite Leistenseite zur Vorderseite hin ausgerichtet wird.

Jetzt schneiden Sie die querliegenden C-Leisten zu. Diese Leistenlänge messen Sie an Ihrem Modell selbst aus, da die Leistenstärke immer etwas variiert. Die 12 mm Einschnitte in der Breite von 23 mm bringen Sie so an, daß diese exakt auf die A-Leisten treffen und die breitere Leistenseite nach vorne zeigt.

Die beiden E-Leisten ebenfalls ausmessen und, wie in Zeichnung C angegeben, anbringen, d.h. stumpf mit den B-Leisten verleimen, so daß wiederum die breitere Leistenseite nach vorne zeigt.

Holzkrippen

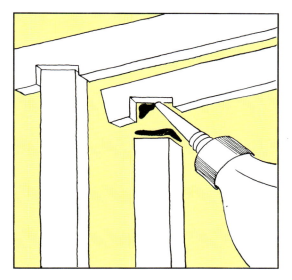
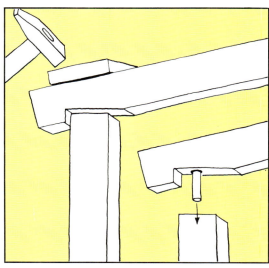

Es gibt verschiedene Verbindungsmöglichkeiten der Holzleisten.
Die erste Grafik zeigt eine reine Leimverbindung, ohne zusätzliche Hilfsmittel. Die aufzusetzende Leiste wird so tief eingeschnitten, daß alle drei Schnittkanten die Trägerleiste umschließen und somit eine verrutschsichere Verbindung ergeben.

Jetzt zwei Paneelreste, Konstruktionsteile D, so ausmessen und zuschneiden, daß diese kantengleich mit den innersten A-Leisten abschließen; anleimen und annageln. Die Leisten G und F haben eine Länge von 220 mm und werden auf die B-Leisten aufgesetzt. Einschnitte an den Auflageflächen anbringen. Beim Aufleimen wählen Sie eine der beiden Verbindungsmöglichkeiten, die die beiden Grafiken auf Seite 55 zeigen.
Nun halten Sie sich weiter an Zeichnung D des Bauplanes. Den Dachboden H von C-Leiste zu C-Leiste in der Länge einer C-Leiste ausmessen und aufleimen sowie nageln.
Die 4 Dachfirstleisten, J und K, auf eine Länge von 270 mm schneiden, und, wie Zeichnung E zeigt, den Firstwinkel auf 45° abschrägen.
Sie können den Winkel auch nach Belieben verändern. Die Leisten an den Abschrägungen verleimen, der vorderen und hinteren Hauskante anpassen, Einschnitte anbringen, so daß die Leisten eine kurze, aber plane Auflagefläche haben, dann aufleimen. Sollte die K-Leiste auf der F-Leiste aufliegen, letztere etwas ausschneiden; die Höhe der Paneelzwischenwand ist für diesen Arbeitsgang ausschlaggebend.
Messen Sie die Abstände der 4 rechts stehenden A-Leisten und auch den Abstand von der Bodenplatte zu den C-Leisten aus, und schneiden Sie maßgerecht die Styroporwände zu. Schneiden Sie an dem vorderen und an dem seitlichen Wandteil je ein Fenster 60 mm vom Boden, in der Größe von 50 x 50 mm aus. Für den Fensterrahmen 50 mm lange, entsprechend der Styroporstärke breite Holzkistchenleisten einpassen und ein Fensterkreuz mittig einsetzen. In die linke Hauswand eine 12 cm hohe und 5 cm breite Tür mit Türstock einarbeiten.
Passen Sie nun die Styroporwände den A-Leisten an; hierzu kann durchaus Leim verwendet werden. Schließen Sie die Rückwand mit Paneelholz und verkleiden Sie die linke Seite des Unterstandes mit Kistchenholzleisten. Einen 5 cm breiten Sockel (Hartfaserplatte) um das Wohnhaus anbringen. Die Heubodenvorderseite sowie auch die Rückseite mit Kistchenholz verkleiden; das Holz dabei mit einem Messer spalten. Zum Schluß noch das Dach von unten her zur Dachspitze hin mit Kistchenholz abdecken; dabei die Holzteile aufleimen und aufnageln. Achten Sie auf 2–3 cm Überstand.

Die zweite Grafik zeigt eine Leimverbindung mit Hilfe von Holzdübeln. Diese Verbindung ist extrem fest. Die aufzusetzende Leiste wird nur so tief eingeschnitten, daß die Auflagefläche plan auf der Trägerleiste liegt. Beide Leisten vorbohren, einleimen und mit eingesetztem Holzdübel verbinden. Wenn das Zusammenfügen der Leisten etwas schwerfällig geht, ein Stück Holzrest über die betreffende Verbindung legen und vorsichtig mit einem Hammer nachhelfen.

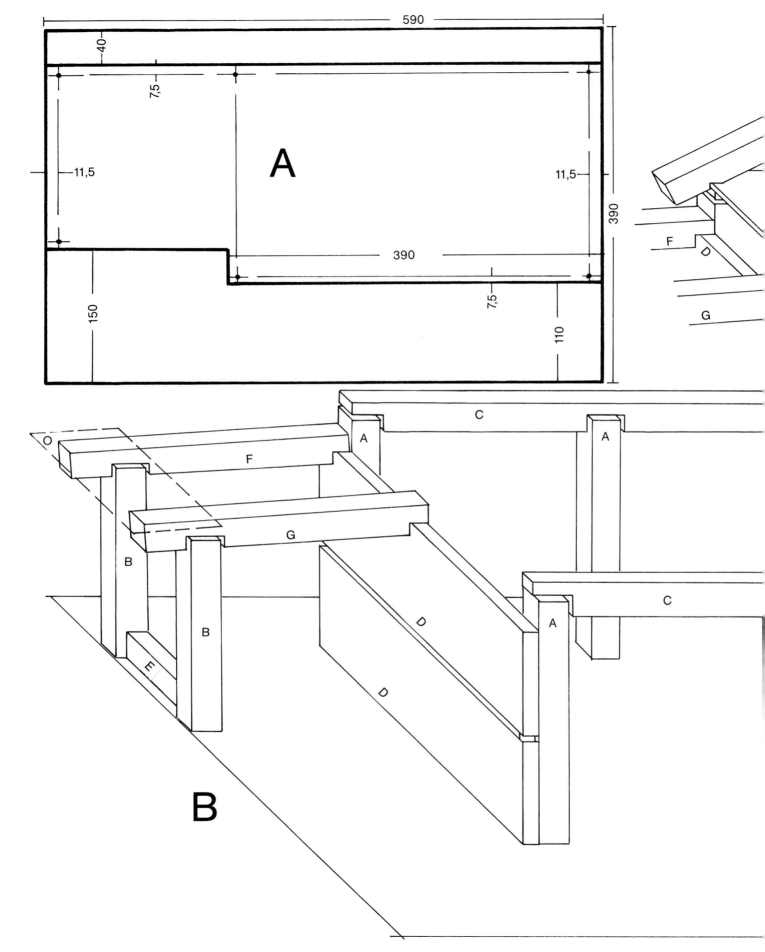

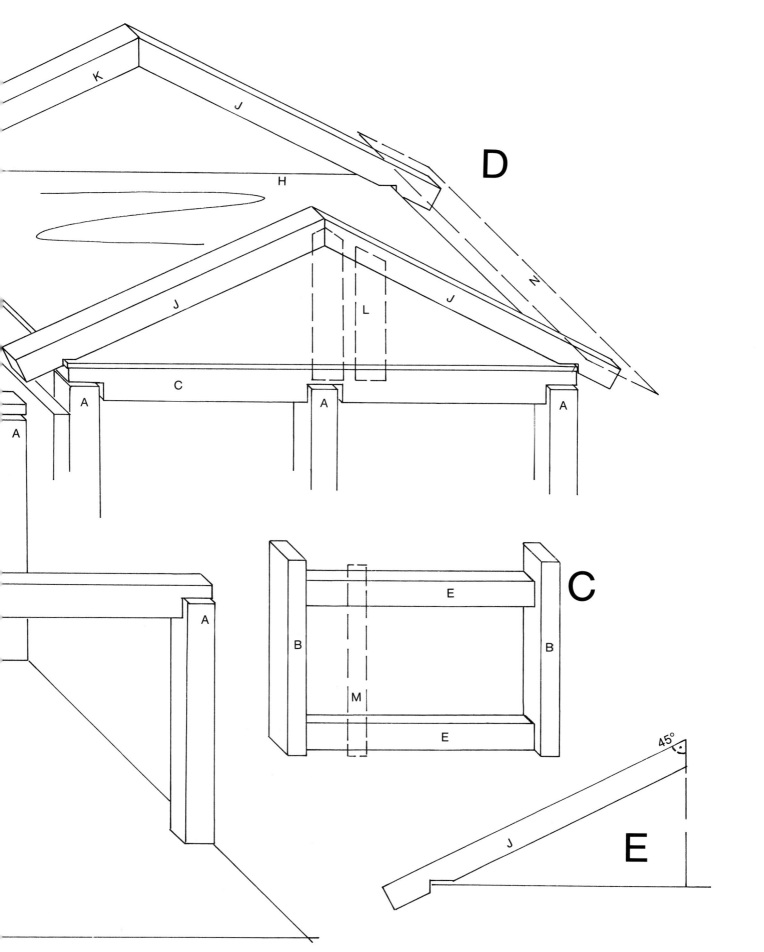

Holzkrippen

Schindelkrippe...

Material:
9 mm Spanplatte, 490 x 310 mm
19 x 19 mm Leistenholz, ca. 3,50 m
Bastelleiste, 50 mm breit und 5 mm stark
2,5 mm Hartfaserplatte, 580 x 460 mm
Paneelholzreste
Obstkistchenholz
Schindeln, ca. 120 Stück
Nägel, 10 mm und 20 mm lang
Holzleim (Ponal-Express)
Holzdübel

Grundriß und Baukonstruktion finden Sie auf der übernächsten Doppelseite.

Eine Krippe wie aus dem Bilderbuch mit einfacher Baukonstruktion.
Auch dieses Krippenmodell kann in 2 Tagen angefertigt werden. Oft sind es die kleinen Details, die etwas mehr Zeit in Anspruch nehmen.
Den genauen Grundrißplan und die einzelnen Detailkonstruktionen finden Sie auf der übernächsten Doppelseite. Die großen Buchstaben kennzeichnen die einzelnen Bauphasen, die kleinen Buchstaben sind optische Hilfsmaße, die in der nachfolgenden Arbeitsanleitung miteinbezogen und durch Originalmaße ersetzt werden.
Die Gesamtgröße des Krippenmodells beträgt 490 mm in der Länge, 310 mm in der Tiefe und 370 mm in der Höhe.
Die Figurengröße sollte 20 cm nicht überschreiten. Für dieses Modell wurde die Figurengruppe von Seite 101 angefertigt.
Bereiten Sie als erstes die Bodenplatte, den Spanplattenzuschnitt vor. Beachten Sie hierbei auch die Grafik auf Seite 61. Mit einem Winkelmaß die Bohrungslöcher anzeichnen; diese sind im Grundrißplan, Zeichnung A, durch Konstruktionskreuze mit einem Punkt in der Mitte dargestellt. Die äußere, starke Umrandung zeigt die Außenkontur der Spanplatte; die innere, starke Linie den Stand des Krippenbauwerks und die kleineren, zusammenhängenden Umrißfelder geben die Aufteilung der Schafboxen an. Die vordere

Holzkrippen

…mit Geräteschuppen

Holzkrippen

Das Foto unten zeigt die Seite des angrenzenden Geräteschuppens. Brunnen, Hackstock, Futterkrippen und andere Details können nach Belieben dazugestaltet werden.

linke Ecke der Spanplatte in den angegbebenen Maßen ausschneiden, dann alle 4 Bohrlöcher anbringen.

Arbeiten Sie nun nach der Konstruktionszeichnung B weiter. 4-A-Leisten à 180 mm zuschneiden. Diese Trägerleisten an jeweils einem Ende anbohren; die Bohrtiefe und der Durchmesser richten sich nach der Größe der Holzdübel, welche nicht länger als 30 mm sein sollten.

Leimen und dübeln Sie die Trägerleisten auf die Bohrstellen der Bodenplatte. Da die Leistenstärken immer etwas variieren, messen Sie nun an Ihrem Modell die Abstände der A-Leisten ab, und schneiden Sie dementsprechend 2 B-Leisten und 1 C-Leiste zu. Kleben Sie alle drei Leisten stumpf an die Trägerleisten und plan auf die Bodenplatte.

Beachten Sie nun die Konstruktionszeichnung C. Paneelholz in der Höhe der A-Leisten (180 mm) zusammensetzen, überschüssige Höhe absägen, die Länge dem Abstand der hinteren beiden Trägerleisten kantengleich anpassen und annageln (siehe Konstruktionsdetail H).

Jetzt den Dachfirst anfertigen. Eine Zwischenleiste rechts und links der Baukonstruktion den A-Leisten kantengleich anpassen. 4 E-Leisten mit 195 mm Länge zuschneiden und, wie Zeichnung D zeigt, abwinkeln und abschrägen. Je zwei Leisten am Firstwinkelende zusammenleimen und, wie in Zeichnung C dargestellt, auf die Zwischenleisten aufleimen, eventuell aufdübeln.

Die Schafboxen anfertigen: Aus der 50 mm breiten Bastelleiste 4 mal 100 mm absägen und einen Durchschlupf 35 x 40 mm aussägen. Kistchen-

Holzkrippen

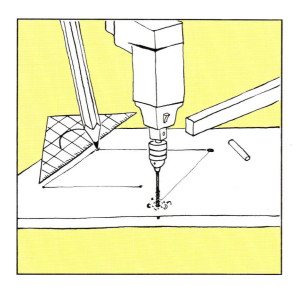 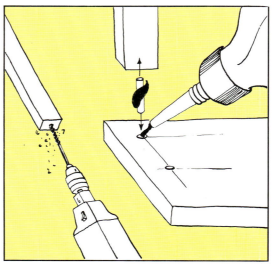

Die erste Grafik zeigt die Aufteilung der Bodenplatte und das Anbringen der Bohrlöcher für die Trägerleisten.

In der zweiten Grafik wird eine Trägerleiste angebohrt und mit einem Holzdübel zusammen auf die Bodenplatte geleimt. Der Holzdübel sollte nicht länger als 30 mm sein; dementsprechend die Bohrungstiefe anbringen.

holz auf 5 mm Breite spalten und über Kreuz bei diesem Durchschlupf anbringen. Die Wände der Boxen, Konstruktionsdetail F, wie in Zeichnung C dargestellt, der Bodenleiste B anpassen.

Wenn Sie der Krippe einen rustikalen Charakter geben wollen, dann flämmen Sie die Holzoberfläche ab. Hierzu verwenden Sie eine Lötlampe, die Sie mit schwach eingestellter Flamme in Faserrichtung des Holzes mehrmals an dessen Oberfläche entlang führen; die harten Jahresringe nehmen sofort eine dunklere Färbung an. Dieser Arbeitsgang wird an jedem neuen Konstruktionsteil ausgeführt. Die andere Möglichkeit wäre, das Holz in einem Braunton zu beizen.

Verkleiden Sie anschließend beide Konstruktionsseiten mit zusammengesetzten, giebelförmig zugeschnittenen Paneelteilen. Leimen und nageln Sie diese an die betreffenden Leisten; Konstruktionsdetail G, von Zeichnung C, zeigt die optimale Paßform.

Um die Schindeln aufnageln zu können, benötigen Sie zwei Dachplatten in der Größe von 460 x 250 mm, die aus der Hartfaserplatte zugeschnitten werden. Setzen Sie diese beiden Dachplatten ausgemittelt auf das Dachgerüst; genaue Darstellungsform oberhalb der Zeichnung D, im Bauplan angegeben mit dem Buchstaben J.

Zeichnung E zeigt Ihnen den Aufbau des Geräteschuppens. Zwei Seitenteile (L) in der Größe von 250 x 100 mm aus Paneelholz zuschneiden; davon eine Dachschräge, auf vordere Kantenhöhe von 170 mm, absägen. Beide Seitenwände in einem Abstand von 180 mm auf die Bodenplatte dübeln und leimen. Wenn Sie den Geräteschuppen einzeln anfertigen wollen, setzen Sie eine Rückwand (O) an die Seitenteile, ansonsten können letztere direkt an der linken Krippenwand mittig angedübelt oder auch nur angeleimt werden; Eingänge vorher aussägen. Zwei M-Leisten in gleicher Höhe an den Seitenwänden anbringen und einen Zwischenboden (N) einlegen. Die Dachschräge und die noch offene Seite mit Kistchenholzleisten (P) verkleiden.

Zum Schluß die Schindeln auf 100 mm Länge zuschneiden und von der unteren Dachkante beginnend aufnageln. Die Schindeln übereinander versetzt bis zur Dachspitze hin ausrichten. Zwei Hartfaserleisten dem Dachwinkel angepaßt gegeneinanderkleben.

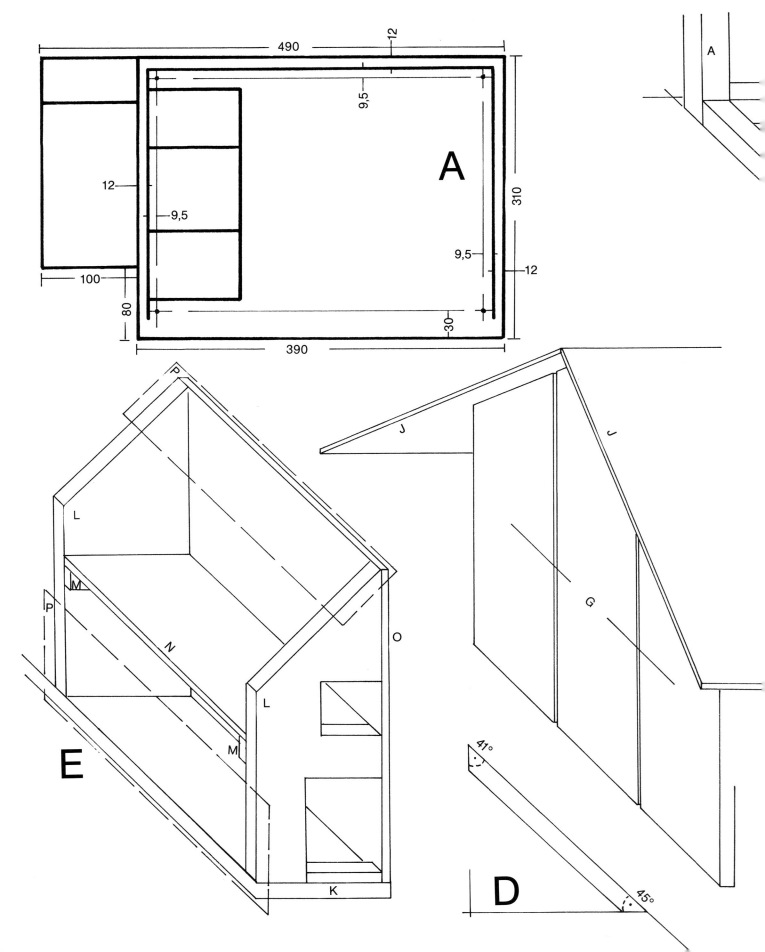

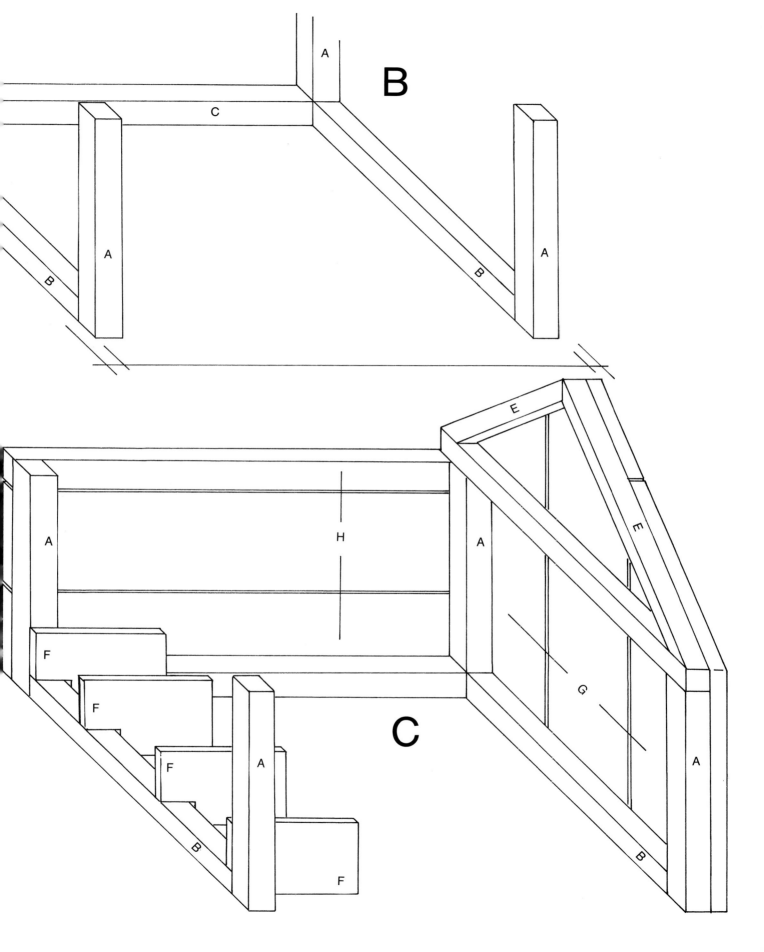

Holzkrippen

Turmkrippe...

Material:
9 mm Spanplatte, 610 x 400 mm
19 x 19 mm Leistenholz, ca. 4 m
5 mm Sperrholzplatte, 500 x 400 mm
2,5 mm Hartfaserplatte, 800 x 350 mm
Styropor (Verpackungsmaterial)
Obstkistchenholz
Holzdübel
Nägel, 20 mm lang
Holzleim (Ponal-Express)

Grundriß und Konstruktionszeichnung finden Sie auf der übernächsten Doppelseite.

Wer nach der Geschichte Weihnachten feiert, wird diesen orientalischen Baustil bevorzugen.

Das Krippenmodell hat ein Gesamtmaß von 610 x 400 mm und eine Turmhöhe von 520 mm; die Höhe des Unterstandes beträgt 240 mm. Wählen Sie daher eine Figurengruppe mit 20 cm Standhöhe. Die selbst zu bastelnden Figuren von Seite 101 könnten durchaus dazugestellt werden. Die Bauphase dieser Krippenarchitektur beträgt ca. 2 bis 3 Tage. Geübte Bastler werden das Modell in kürzerer Zeit anfertigen.

Beginnen Sie mit der Aufteilung Ihrer Spanplatte. Die Bohrlöcher im Durchmesser auf Ihre Holzdübel abstimmen. Halten Sie sich nun an die Konstruktionszeichnung B, die die Aufteilung der Trägerleisten und den Turmsockel zeigt.

Schneiden Sie 4 A-Leisten in der Länge von 165 mm und 2 B-Leisten in der Länge von 255 mm zu. Bringen Sie an je einem Ende ein Bohrloch für die Holzdübel an. Die A-Leisten kantengleich zur Bodenplatte mit den Holzdübeln aufleimen. Die B-Leisten, nach außen hin leicht abgedreht, erstmals aufstecken; die Fluchtlinien der äußeren Leistenkanten treffen später exakt auf die vorderen Turmecken. Für den Turmsockel wurden bei diesem Modell schmalere Leisten verwendet; dies muß aber nicht sein, da sie durchaus von den 19 mm Leisten ersetzt werden können. Zwei C-Leisten in der Länge

Holzkrippen

...mit hohem Unterstand

Holzkrippen

von 130 mm und zwei D-Leisten in der Länge von 110 mm zuschneiden und plan, wie in der Zeichnung dargestellt, aufleimen; der Abstand zur vorderen Kante der Bodenplatte beträgt 140 mm.

Anhand der Konstruktionszeichnung C sehen Sie den Aufbau des Stalles. Die beiden linken A-Leisten sowie auch die beiden rechten A-Leisten mit je einer E-Leiste verbinden; Stärke der Leiste nach Wunsch. Die obere Leistenfläche schließt exakt mit den Schnittflächen der A-Leisten ab. Für den First 4 F-Leisten in der Länge von 130 mm zuschneiden und anhand der Zeichnung D abschrägen, zusammenleimen und den A-Leisten anpassen.

Die Styroporwände an Ihrer Baukonstruktion ausmessen, in die zum Betrachter hin ausgerichtete Wand ein Fenster in der Größe von 40 x 50 mm ausschneiden; einen Fensterstock aus Kistchenholz einpassen, und alle drei Wände den A-Leisten anpassen. Die Giebelöffnungen ebenfalls mit Styropor versehen. 4 Kistchenholzleisten (G) aufnageln oder aufkleben, dann die Abdeckung mit

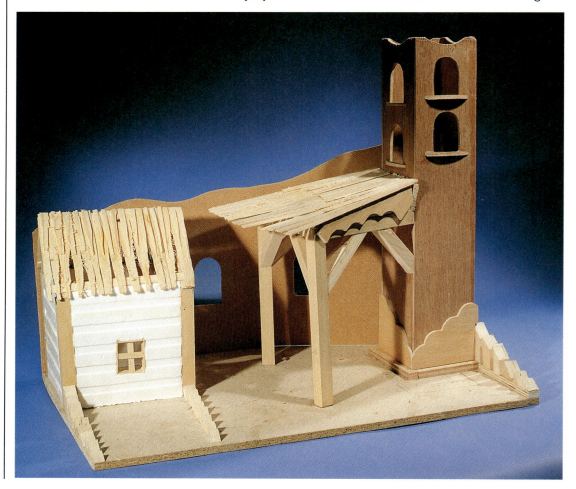

Auf diesem Foto können Sie den Verlauf der Rückwand, mit eingearbeiteten Fenstern, erkennen. Abgeschrägte Holzleistenstücke dienen als Abgrenzungsmäuerchen.

Holzkrippen

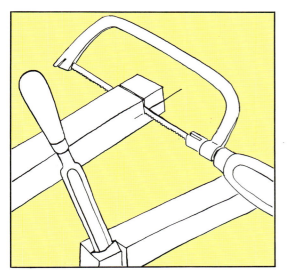 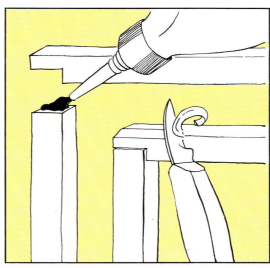

Die erste Grafik zeigt das Ausschneiden von Leistenholz: zuerst halbe Leistenbreite einsägen, dann mit einem Beitel austecken; die Ausschnittflächen mit Schleifpapier behandeln.

Die zweite Grafik zeigt eine kantengleiche Verbindung von einer Trägerleiste mit einer Dachbalkenleiste, die für das Aufleimen der Abdeckung an der vorderen Kante abgeschrägt wird.

gespaltenem Kistchenholz anbringen.

Konstruktionszeichnung E zeigt Ihnen die Zusammensetzung von Turm und Unterstand. Beginnen Sie mit dem Zuschnitt des Turms. Aus der Sperrholzplatte schneiden Sie 2mal 100 x 500 mm zu (Konstruktionsdetail Q), und 2mal 92 x 500 mm (Konstruktionsdetail R). Die Fensterform (Konstruktionsdetail S) einplanen und mit einer Laubsäge ausschneiden: Ein Loch innerhalb der Fensterzeichnung bohren, das Sägeblatt an einer Seite der Säge herausnehmen, durch die Bohrung führen, an der Säge wieder befestigen und der Zeichnung entlang das Fenster aussägen. Abgerundete Fenstersimse an der unteren Fensterkante aufleimen. Die Turmseiten zusammensetzen und in den Sockel einleimen.

Jetzt die J-Leiste und die K-Leiste, ab den B-Leisten bis zu den vorderen Turmecken, an Ihrer Baukonstruktion ausmessen; die Höhe am Turm entspricht den B-Leisten, d.h., J und K stehen im 90° Winkel zu B. Die Leisten stumpf zusammenleimen, und die H-Leiste ausgemessen und ausgeschnitten auf die B-Leisten leimen. Beachten Sie hierbei auch die beiden Grafiken.

Verstrebungen, wie Leiste L, M, N und O ausmessen und an Turm, Trägerleisten sowie Dachbalken anbringen. Die Dachschräge erhalten Sie durch eine weitere Leiste, die 5 cm breit ist. Nageln oder leimen Sie diese Leiste (P) oberhalb des J- und K-Balkens am Turm an.

Gespaltenes Kistchenholz dient als Abdeckung. Hierzu schrägen Sie Leiste P und H zur vorderen Kante ab, so daß Sie eine Auflagefläche für das Spaltholz erhalten.

Am Grundrißplan erkennen Sie eine geradlinige Rückwandkante und eine etwas gebogene Kante. Wählen Sie eine dieser beiden Hintergrundformen und sägen Sie dementsprechend Ihre Bodenplatte aus. Messen Sie diese Strecke ab, und schneiden Sie die Rückwand aus der Hartfaserplatte zu. Die Rückwandoberkante wellenförmig ausschneiden und zwischen Turm und Stall zwei Fenster aussägen. Die Rückwand nun direkt an die hintere Bodenkante (Plattenhöhe) leimen und nageln.

Eine Verzierung wie Konstruktionsdetail T kann noch angebracht werden; Größe und Form bestimmen Sie.

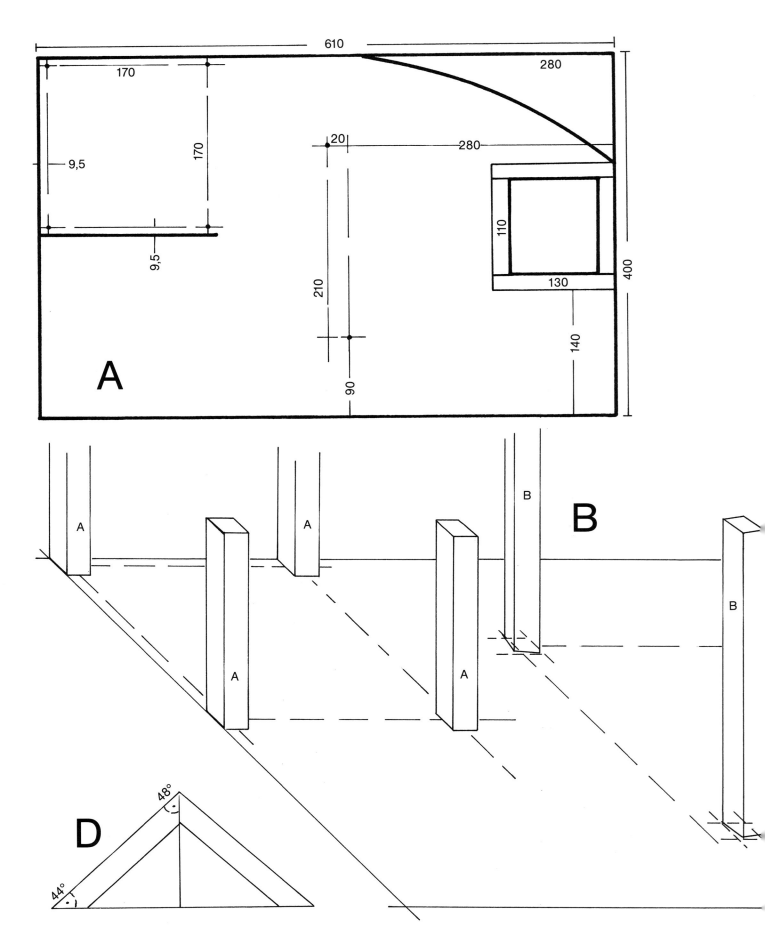

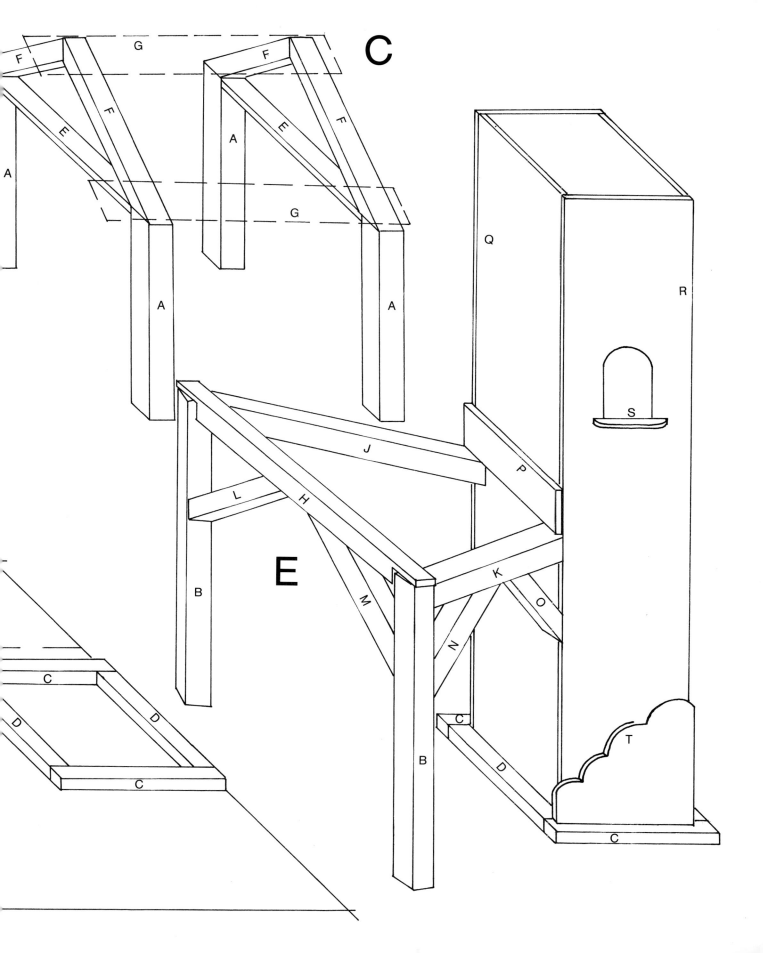

Krippenbau mit Wurzeln

Wurzelkrippen

Haselnußkrippe

Material:
*9 mm Spanplatte,
390 x 300 mm
Haselnußstecken
Nägel, 20 mm lang
Holzleim (Ponal-Express)
Holzdübel*

Grundriß und Bauplan finden Sie auf der übernächsten Doppelseite.

Ein Krippenmodell aus einem Material wie es die Natur hervorbringt. Ein wenig Geduld ist für diese Art von Krippenarchitektur schon notwendig.

Haselnußholz ist kräftig und fest. Verwenden Sie Rückschnittabfall, d.h. Äste, die im Herbst aus dem Haselnußstrauch herausgeschnitten werden, so daß dieser im Frühjahr wieder neue Triebe hervorbringen kann.

Wer nicht die Möglichkeit hat, mit dieser Holzart zu arbeiten, kann auch auf anderes Geäst oder aber auf Rundholzleisten ausweichen.

Das Naturholz gut durchtrocknen lassen, da es sich durch den Saftverlust etwas verengt, und das Modell dadurch verziehen würde.

Je nach Holzart, benötigen Sie für dieses Bauwerk ca. 3–4 Tage.

Grundriß und Konstruktionszeichnungen finden Sie auf der übernächsten Doppelseite. Die Maße sind in Millimeter angegeben. Die aus der Abmessung entstehenden Verbindungskreuze, sind zum Teil mit einem Punkt versehen, der ein Bohrloch anzeigt. Halten Sie sich nach Möglichkeit genau an den Grundrißplan, Zeichnung A. Zeichnung B, C, D und E zeigen die verschiedenen Bauphasen. Die Buchstaben innerhalb der Zeichnungen, sind optische Hilfsmaße, die in Arbeitsanleitung, soweit möglich, mit Originalmaßen aufgeführt sind.

Die Gesamtgröße der Krippe beträgt 390 mm in der Länge, 300 mm in der Tiefe, und 295 mm in der Höhe; letztere variiert natürlich aufgrund unterschiedlicher Holzstärken.

Wie Sie aus der Abbildung entnehmen können, passen auch noch Figuren mit einer Standgröße von 21 cm hinein. Holzfiguren, gefärbt oder ungefärbt sind die optimale Ausstattung. Auch die beiden Figurengruppen von Seite 101 und Seite 109 könnten zu diesem Krippenmodell angefertigt werden.

Beginnen Sie anhand der Zeichnung A mit der Aufteilung Ihrer Bodenplatte. Zeichnen Sie alle Bohrlöcher auf, und arbeiten Sie sie dann ein. Beachten Sie den Durchmesser Ihrer Holzdübel.

Arbeiten Sie nun nach der Konstruktionszeichnung B weiter. Sie benötigen für die vorderen A-Pfosten, die einen Durchmesser von ca. 25 mm haben sollten, 2mal in der Länge von 245 mm. Die hinteren B-Pfosten sind 200 mm lang. Die beiden D-Pfosten haben eine Länge von 180 mm, wobei der Durchmesser des äußeren Pfostens dem der A-Pfosten entspricht. Die C-Pfosten sind 150 mm lang. Bohrlöcher an der Unterseite der Pfosten einarbeiten und auf die betreffende Stelle der Bodenplatte dübeln und leimen.

Von nun an messen Sie alle Holzteile von diesem Ihrem Grundstock ab. Schneiden Sie anhand der Zeichnung C die Querbalken zu: 2mal E, den Eingangsbalken und von diesem ausgehend den hinteren Balken; 2mal F, die Querbalken des Anbaus; 2mal G, die Träger der Zwischendecke des Anbaus, wobei diese innerhalb der C- und D-Pfosten gemessen werden. Jetzt noch 2 Verstrebungsbalken, H, die Verbindung der A-Pofsten zu den B-Pfosten zuschneiden. Die H-Balken, wie Zeichnung E zeigt, an den Enden etwas ausschneiden, dann alle Teile auf- und anleimen sowie auf- und annageln.

Halten Sie sich nun weiter an Zeichnung D. Achten Sie nach Möglichkeit darauf, daß Sie gleichlange, im Durchmesser gleichstarke, ca. 10 mm Holzteile zuschneiden.

Die L-Hölzer, die seitlichen Wandverkleidungen des Unterstandes werden von außen her an die H-Verstrebungen geleimt; die Bodenplatte sowie das H-Holz der Verbindungsstrecke entlang mit Leim versehen.

Um eine bessere Stabilität zu erhalten, weitere Verstrebungen rechts und links an die A- und B-Pfosten anbringen, so daß die L-Hölzer dazwischenliegen. Diese Stabilisierung besonders am Boden anbringen.

Wenn Sie nicht genügend Hölzer haben, können Sie jetzt auch mit längshalbierten Haselnußstecken weiterarbeiten. Für das Spalten ist ein klingenstarkes, scharfschneidiges Messer notwendig. Wem die hellen Schnittflächen nicht gefallen, der kann diese nun auch noch leicht anflämmen. Hierzu benötigen Sie eine Lötlampe mit schwach eingestell-

Wurzelkrippen

Das Foto unten zeigt das Modell aus einem Blickwinkel, der das Innenleben der Krippe genau erkennen läßt.

ter Flamme, die Sie in Faserrichtung am Holz entlangführen; Sie erreichen so eine rustikale Verfärbung. Eine andere Möglichkeit wäre, die Schnittstellen dunkelbraun zu beizen. Die M-Hölzer in der Länge auf den Abstand der beiden B-Pfosten abstimmen bzw. zuschneiden und an letztere übereinandergeschichtet annageln.

Die Rückwand des Anbaus wie die Seitenwände des Unterstandes horizontal anfertigen. Hierzu den Abstand von der Bodenplatte bis zum F-Balken abmessen und die Hölzer dementsprechend zuschneiden und an- und aufleimen. Am Boden eventuell noch eine Verstrebung zur Stabilität der Rückwand anbringen.

Schneiden Sie für den Zwischenboden des Anbaus ca. zehn 165 mm lange Holzteile zu, und leimen Sie diese auf die G-Balken.

Die seitliche Wandverkleidung des Anbaus vertikal anbringen. Schneiden Sie diese Holzlänge so zu, daß die Holzteile noch 20 mm am D-Pfosten hervorragen. Diese Verklei-

Wurzelkrippen

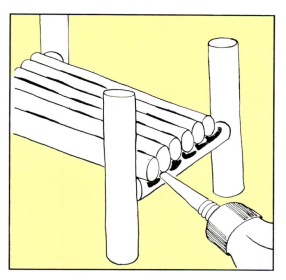
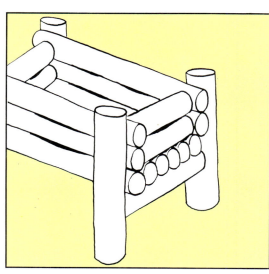

Die beiden Grafiken zeigen den Aufbau der Futterkrippe: Zuerst den Grundstock, wie in der ersten Grafik dargestellt, vier Pfosten, zwei Querverbindungen und die Bodenauflage zusammenleimen.

Die aufgeschichteten Wände, wie in der zweiten Grafik dargestellt, ebenfalls verleimen; die querliegenden Holzteile pressen die der Länge nach ausgerichteten Holzteile an die Eckpfosten.

dung kann an die Pfosten aufgenagelt werden; durch die nach hinten abfallende Schräge ergeben sich an der Vorderseite einige größere Zwischenräume.

Für die Dachabdeckung den Abstand der beiden E-Balken abmessen und 60 mm Überstand dazurechnen. Schneiden Sie dann die N-Hölzer zu und leimen bzw. nageln Sie diese auf.

Durch die Abmessung des Abstandes der beiden F-Balken plus Überstandszugabe von 40 mm die O-Hölzer zuschneiden und die Dachabdeckung des Anbaus anbringen.

Die Schnittkanten beider Dachabdeckungen an der Vorderseite mit einem Holzteil verkleiden.

Außerdem an die zwei A-Pfosten drei Zierhölzer aufnageln und zwei diagonale Verstrebungen dahinter anbringen. Dies ist ein zusätzlicher, optischer Blickfang.

Vom Anbau zur vorderen Bodenkante hin eine Abgrenzung durch verschiedenlange Palisadenhölzer anbringen.

Ein zusätzliches Detail zum Anbau, oder aber eine Notwendigkeit, wenn Sie die Figuren selbermachen, ist die Futterkrippe, die in den Grafiken dargestellt wird.

Arbeiten Sie diesen Trog möglichst aus dünnen Holzteilen. Die Größe richtet sich nach Ihren Figuren, besonders aber nach der Größe des Jesuskindes. Zu große Futterkrippen sehen unschön aus und lassen die wichtigste Figur verschwinden. Achten Sie also auch auf solche Kleinigkeiten. Dieses Krippenmodell paßt unter jeden Weihnachtsbaum und läßt sich durch verschiedene Dekorationsmöglichkeiten immer ins rechte Licht rücken. Wie Sie in der vordersten Abbildung sehen können, paßt eine gebürstete, naturbelassene Wurzel oder ein kleinerer Wurzelstock als Landschaftsersatz dazu. Stellen Sie hierzu die Krippe auf einen Karton und bauen Sie die Wurzel davor auf. Den Karton können Sie entweder mit getrocknetem Moos oder mit einer künstlichen Grasmatte, im Modellbaufachgeschäft erhältlich, verdecken.

Mein Tip:

Das Krippenmodell kann durchaus auch mit 10 mm Vierkantleisten angefertigt werden.

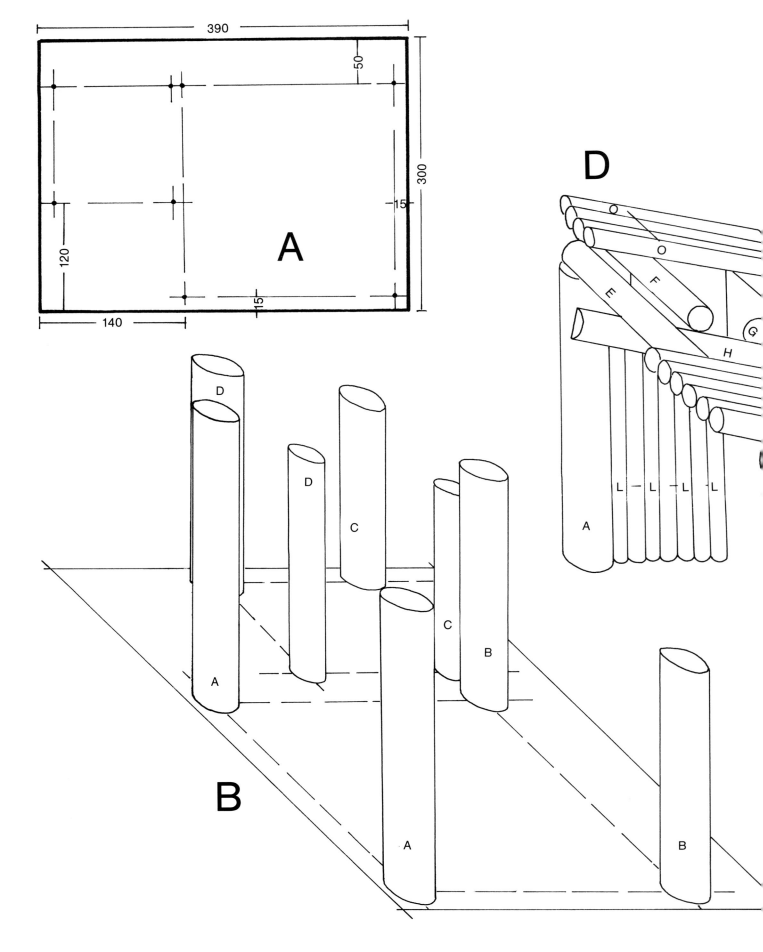

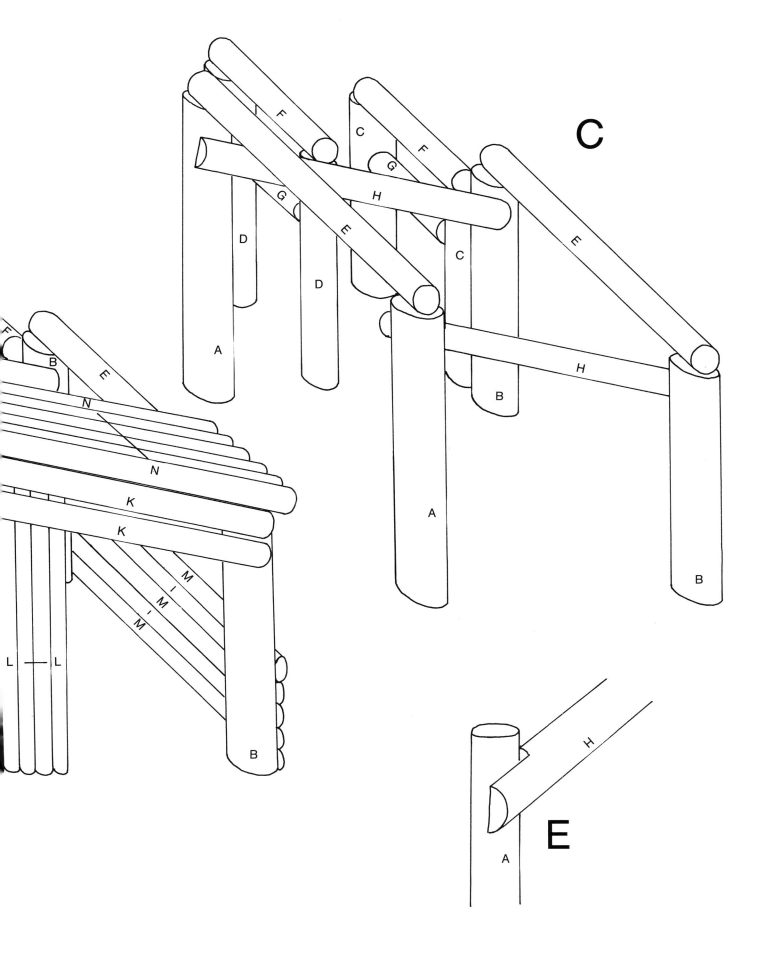

Wurzelkrippe …

Material:
1 Wurzel, selbststehend, mit leichtem Überhang
1 Wurzel, gegabelte Form
Baumrinde
Moos
2,5 mm Hartfaserplatte, 590 x 410 mm
Sägespäne (Streu)
Holzleim (Ponal-Express)
Schrauben, 30 mm lang

Grundriß und Bauvorlage finden Sie auf der übernächsten Doppelseite.

Ein ebenfalls naturbezogenes Krippenmodell. Das Material wurde das ganze Jahr über zusammengetragen; da eine Rinde, dort eine Rinde. Wenn Sie nicht die Möglichkeit haben, Wurzeln zu finden, dann erhalten Sie solche, in der benötigten Größe, eventuell auch in Bastelgeschäften. Achten Sie auf eine schöne und doch bizarre Form.

Der Zeitaufwand für den gesamten Aufbau beträgt 2 Tage. Es dauert oft einige Zeit, bis die Wurzelformen ineinanderpassen, bzw., daß man sie so ineinanderverkeilen kann, daß sie optimal stehen.

Den Grundrißplan sowie die Aufbaumöglichkeit dieser zwei Wurzelarten finden Sie auf der übernächsten Doppelseite. Alle Maße sind in Millimeter angegeben. Die großen Buchstaben zeigen die einzelnen Bauphasen, die Buchstaben innerhalb der Zeichnungen sind Orientierungshilfen und werden in der nachfolgenden Arbeitsanleitung erläutert.

Die Gesamtgröße der Krippenlandschaft beträgt 590 mm in der Länge, 410 mm in der Tiefe, und hat eine Höhe von 220 mm. Die Höhe variiert selbstverständlich je nach Wurzelform.

Gehen wir davon aus, daß Sie die Wurzeln gefunden haben; sie werden erst einmal abgespritzt, ab- und ausgebürstet, wobei Sie hierzu eine Drahtbürste verwenden sollten; Erde, Bewuchs und eingesetzter Fäulnisprozeß können so optimal entfernt werden. Stau-

... mit Landschaft

Wurzelkrippen

Das Foto zeigt die Rückansicht der Wurzelkrippe. Die linke Ausschnittform der Wurzel wurde mit Baumrindestücken geschlossen.

nen Sie nicht, um wieviel Ihre Wurzeln kleiner geworden sind. Gekaufte Wurzeln haben diese Behandlungsmethode bereits hinter sich, so daß Sie gleich eine genaue Größenvorstellung Ihres Bauwerks bekommen.

Alle gefundenen Baumaterialien gut durchtrocknen lassen, dann erst verarbeiten. Moos vor der Trocknungsphase gut ausschütteln, um Ungeziefer, Ästchen und Laub zu entfernen.

Bei diesem Krippenmodell wurden, wie bereits angedeutet, zwei Wurzelformen verwendet. In Zeichnung C können Sie den ungefähren Wuchs der Wurzeln erkennen. Wurzel A übernimmt die Stellung des Unterstandes, Wurzel B, die der Abgrenzung und Stabilisierung.

Beide Wurzelteile, wenn die optimale Position feststeht, zusammenleimen. Während der Leim anzieht, können Sie Ihre Bodenplatte einteilen und an der Vorderseite, anhand der Maßangaben im Grundrißplan, abschrägen.

Jetzt haben Sie zwei Möglichkeiten, die Wurzeln auf Ihrer Bodenplatte zu befestigen. Beachten Sie hierzu auch die beiden Grafiken auf Seite 81.

Wenn Sie eine absolut robuste Befestigung vorziehen, dann schrauben Sie die auf der Platte stehenden Wurzelenden von der unteren Bodenseite her auf; die Wurzelenden werden dabei vorher etwas abgeflacht. Hierzu verwenden Sie am besten eine Fuchsschwanzsäge. Verwenden Sie bei dieser Methode Senkkopfschrauben und bringen Sie an der Bodenunterseite dementsprechende Ansenkungen an; den Standort an der Oberseite ausmessen und auf die Unterseite übertragen.

Die einfachere, aber vielleicht nicht ganz so robuste Verbin-

Wurzelkrippen

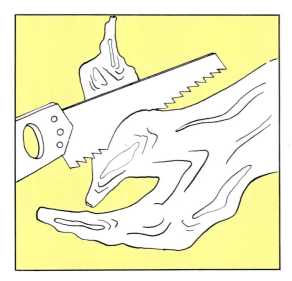

Die erste Grafik zeigt die Vorbereitung der Wurzel für einen sicheren Stand. Die Aufsitzfläche wird mit einer Fuchsschwanzsäge begradigt, dann von Plattenunterseite her aufgeschraubt.

Die zweite Grafik zeigt die Verbindungsmöglichkeit mit einem Holzleim. Beide Wurzeln standfest zusammenleimen. Die Stellen, die auf der Bodenplatte aufsitzen, großzügig mit Leim umgeben und, in mehreren Lagen, Sägespäne drumherum verteilen. Nach dem Antrocknen ergibt diese Arbeitstechnik eine stabile, feste Masse.

dungsart, ist das Aufleimen der Wurzelenden, die eingebettet sind in einer Klebemasse von Leim und Sägespänen; den Leim dabei großzügig um die Wurzelenden verteilen, mit Sägespäne bestreuen, anziehen lassen, dann den Vorgang noch zwei- bis dreimal wiederholen. Die Wurzel immer wieder fest aufdrücken.

Wenn die Wurzel an der Rückseite zu offen erscheint, dann halten Sie sich an Zeichnung B: Rindenteile in kurze Stücke brechen und, versetzt übereinander, an der Öffnung hochschichten. Noch durchscheinende Stellen mit Rindenbruch stopfen.

In der Abbildung, Seite 79, sehen Sie am rechten Bildrand einen Holzstapel aus Rinde, der, wie eben beschrieben, aufgeschichtet wurde; als Stützen ebenfalls Rinde verwenden.

Die Landschaftsform kann wie im Grundrißplan, durch die gestrichelte Linie, dargestellt werden. Diese abgegrenzten Ecken, wie in Zeichnung D dargestellt, mit mehrfach kreuz und quer übereinandergeschichteter Rinde bedecken. Flachliegende Rinde, im vorderen Bodenbereich, verteilen und aufleimen.

Moospölsterchen entlang der Bodenplattenkante anleimen, dabei immer wieder gut andrücken. Auch die übrige Bodenfläche mit größeren, aber niedrig gehaltenen Moospolstern abdecken; die bereits aufgeleimten Rindenstücke aussparen.

Achten Sie immer bei der Landschaftsgestaltung darauf, daß der Hintergrund eine höhere Form erhält als der Vordergrund. Versuchen Sie auch vereinzelt Schwerpunkte zu setzen, die den Blick auf sich lenken und auch gleichzeitig ein Durcheinander der optischen Szenendarstellung verhindern. Ein Schwerpunktbeispiel: der angelegte Rindenberg in der hinteren, linken Ecke, sowie die helle Streufläche unterhalb des Wurzelwerks; die Sägespäne sind ebenfalls aufgeleimt. Diese Farbfläche erhellt außerdem das eigentliche Geschehen.

Die Wurzel, die in der Abbildung den Unterstand bildet, hat einen so geringen Dachvorsprung, daß ein zusätzlicher Vorbau das gesamte Krippenbild positiv beeinflußt. Verwenden Sie eine Kokosnußmatte, d.h. die haarige Umhüllung einer Kokosfrucht. Diese wird unterhalb des Wurzelvorsprungs angeleimt und mit einem Astzweig an einer vorderen Ecke abgestützt. Beachten Sie hierzu die Zeichnung E.

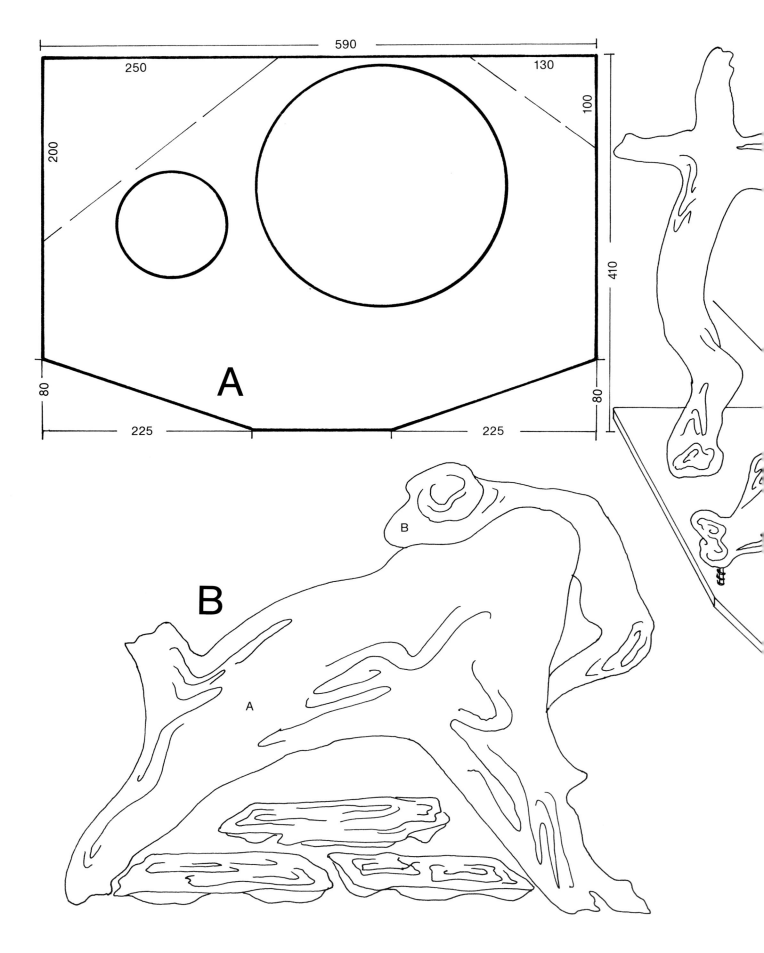

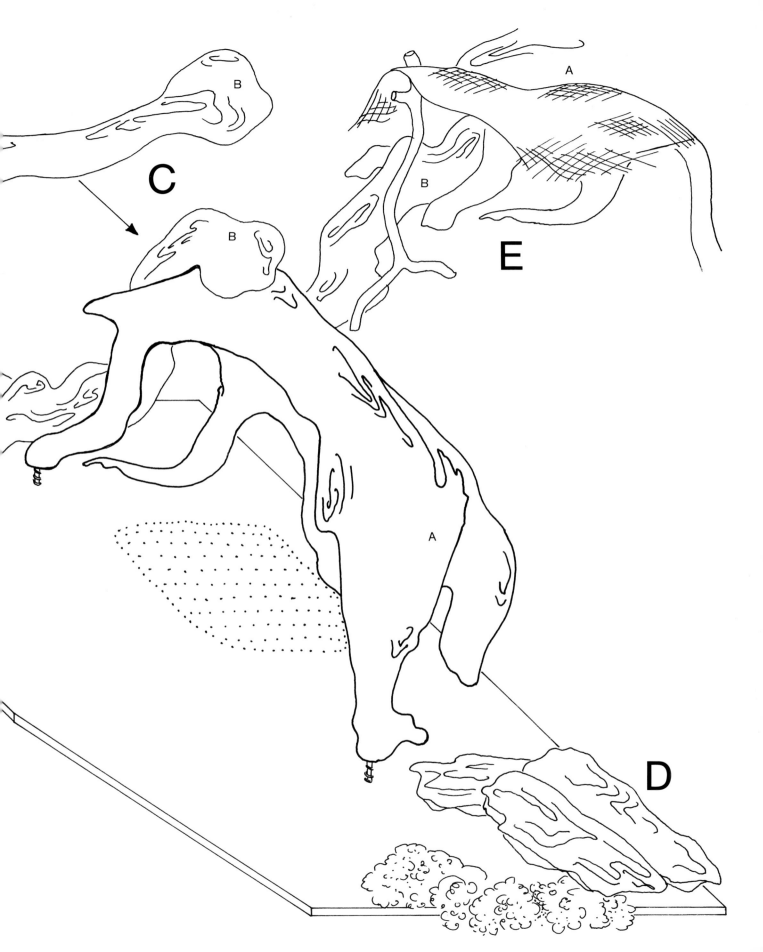

Krippenbau mit Gräsern

Graskrippe

Material:
30 mm Dreikantleistenholz, ca. 2,30 m
19 mm Vierkantleistenholz, 0,30 m
Obstkistchenholz
2,5 mm Hartfaserplatte, 9 mm Spanplatte, 510 x 300 mm
2,5 mm Hartfaserplatte, 800 x 500 mm
Gras, breitblättrig
Holzdübel
Nägel, 10 mm lang
Holzleim (Ponal-Express)
Spaltrohr
1 Ringschraube, geöffnet

Grundriß und Konstruktionszeichnungen finden Sie auf der übernächsten Doppelseite.

Ein Krippenstil ganz besonderer Art. Vielleicht etwas fremdwirkend die Gesamtgestaltung, doch gab es wirklich solch ähnliche Dachabdeckungen zwischen Orient und Okzident. Die Schafhirten benutzten sie als Unterstand, ohne jeglichen Komfort.

Den Grundrißplan, mit Maßangaben in Millimeter, finden Sie auf der übernächsten Doppelseite. Auch die, mit Buchstaben gekennzeichneten, verschiedenen Bauphasen, sind dort als Konstruktionszeichnung aufgeführt. Die Buchstaben innerhalb der Zeichnungen, sind optische Maß- und Orientierungshilfen, die in der nachfolgenden Anleitung erklärt werden.

Das Gesamtmaß der Krippe beträgt 510 mm in der Länge, 300 mm in der Tiefe und 610 mm in der Höhe, wobei letztere von Ihnen selbst bestimmt werden kann.

Die Figurengröße sollte 20 cm nicht überschreiten; optimale Standgröße: 18 cm. Die selbstzubastelnden Figuren von Seite 101 und Seite 109 könnten durchaus dazugestellt werden. Wie Sie dem abgebildeten Foto entnehmen können, bilden Krippe und handgeschnitzte, naturbelassene Figuren eine stille und harmonische Krippenszene. Außerdem reicht bei diesem Modell die Hauptgruppe, Maria, Josef und Kind sowie Ochs und Esel aus, das Geschehen darzustellen. Ein Engel als Abschluß, an der Dachspitze des Modells, rundet das Krippenbild ab.

Das Wort Gras dient hier als Oberbegriff für verschiedene Pflanzenarten. Nicht jeder hat die Möglichkeit an Schilfmaterial heranzukommen, welches bei diesem Modell verwendet wurde. Hierzu möchte ich gleichzeitig eine Bitte aussprechen für diejenigen unter Ihnen, die an einem See oder in dessen Nähe wohnen. Achten Sie doch auf Mäharbeiten, die oft von der zuständigen Gemeinde ausgeführt werden, und dringen Sie nicht ohne weiteres in Schilfgebiete ein, da diese Schutzwall für brütende Vögel sind. Es gibt genügend Abfallmaterialien, die verwendet werden können.

Wer in seinem Garten Pampasgras oder Chinagras stehen hat, schneidet es im Herbst zurück und hat gleichzeitig sein Baumaterial für eine Krippe. Grundsätzlich gilt für alle Grasarten, daß sie gut durchgetrocknet werden sollten.

Eine weitere Möglichkeit ist, Heu und Stroh zu verwenden, das Sie in allen Kaufhäusern, Bastel- und Zoogeschäften erhalten. Mit ein wenig Phantasie findet man vielerlei Baumaterialien.

Beginnen Sie mit der Aufteilung Ihres Krippenbodens, und zeichnen bzw. konstruieren Sie die Bohrlöcher für die Dreikant-Trägerleisten auf: die Mittellinie einzeichnen, von den Seitenkanten 100 mm zur Mitte hin messen, und je eine parallele Linie zur Kante ziehen, an diesen Linien 190 mm hochmessen, von der Vorderkante, ab Mittellinie, zu den äußeren Kanten hin 125 mm wiederum abmessen und gleichzeitig 10 mm nach oben messen. So erhalten Sie alle Eck- bzw. Bohrpunkte, die Sie miteinander verbinden. Auf diese Weise haben Sie den Krippengrundriß aufgezeichnet. Die Seitenflächen ergeben sich nach dem Aufbau des Grundstocks. Beachten Sie auf jeden Fall Zeichnung A.

Die Bohrlöcher im Durchmesser Ihren Holzdübeln anpassen und einarbeiten.

Zeichnung B zeigt Ihnen die Aufstellung der A-Trägerleisten, die Sie in der Länge von 210 mm zuschneiden. Sie benötigen fünf Stück davon. Diese werden ebenfalls an einer Seite eingebohrt und aufgeleimt; Holzdübel nicht vergessen.

Zeichnung C zeigt Ihnen nun wiederum den Aufbau der seitlichen und hinteren Wände. Kistchenholz entweder 1:1 übernehmen oder auf die betreffende Leistenhöhe ausgleichen.

Die Seitenkanten von der vorderen A-Leiste zur nächsten, zurückversetzten, A-Leiste abmessen, und die B-Bretter dementsprechend zuschneiden. Messen Sie immer von der äußersten Eckkante zur nächsten. Als nächstes die C-Leisten, entlang der hinteren A-Leisten abmessen und in der Länge anpassen.

Die Bretter aufleimen und aufnageln. Den Zwischenraum zwischen Bretterwand und Trägerleiste mit Leim abdichten.

Der Dachboden, D, hat das

Graskrippen

gleiche Maß wie der Grundriß von Zeichnung A. Entweder Sie zeichnen die Form neu auf, oder Sie legen Ihre Hartfaserplatte über die Leisten und zeichnen sich die Eckpunkte an. Diese Punkte nach Abnahme der Platte miteinander verbinden und entlang dieser Linien die Krippendecke aussägen.

Leimen und nageln Sie nun den Dachboden auf die Trägerleisten, und schneiden Sie sich aus Ihrem restlichen Dreikantholz E-Leisten zu. Die Länge dieser Leisten sollte so sein, daß sie sich, beim Auflegen entlang der Deckenkanten, berühren. Bevor Sie mit dem Aufleimen beginnen, schneiden Sie die Vierkantleiste, F, zu. Bei dem abgebildeten Modell wurde eine Länge von 280 mm verwendet. Die Leiste in der Mitte der Deckenplatte aufleimen und von der Deckenunterseite her, mit einer geöffneten Ringschraube, anziehen.

Jetzt die E-Leisten, 2,5 mm zurückversetzt, entlang der Dachbodenkante aufleimen.

Aus der restlichen Hartfaserplatte, in der Länge jeder einzelnen E-Leiste, nach oben hin konisch zulaufend, Dachplatten aussägen; die Höhe kann 50–200 mm betragen. Diese Platten werden nun auf die betreffenden E-Leisten aufgenagelt; vorher aufgeleimt. So erhalten Sie einen festen, robusten, Dachunterbau.

Die seitlichen Kammern werden ebenfalls aus der Hartfaserplatte zugeschnitten: die Tiefe entspricht dem Abstand

Graskrippen

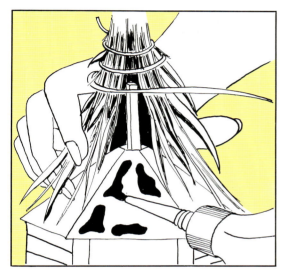

Die beiden Grafiken zeigen Ihnen wie das Dach abgedeckt wird:

Zuerst die Dachplatten kräftig einleimen, dann ein gebündeltes Grasbüschel über den senkrechten Dachbalken stülpen, und am oberen Ende etwas zusammenhalten; hierzu eine Schnur oder Bast verwenden.

Die Abdeckung so dicht wie möglich machen, dabei immer wieder Gras dazuschichten und Leim zwischengeben. Zum Schluß das obere Ende fest zusammenbinden, die Grashalme zur Spitze schneiden, und, über das gesamte Grasdach, Spaltrohr aufnageln.

der beiden seitlichen A-Leisten; die Höhe wird gemessen, von seitlicher Bodenkante, bis 2 mm über den Dachboden. Sehen Sie hierzu auch Zeichnung E, Konstruktionsdetail G. Leimen und nageln Sie beide Wandkammern an Boden und Decke.

Jetzt beginnt das Abdecken des Daches. Achten Sie hierbei auch auf die beiden Grafiken. Streichen Sie die Dachplatten mit Leim ein, bündeln Sie die kräftigsten Halme, die Sie haben, am Stielende zusammen, und stülpen Sie diese über den Stützpfeiler des Daches, Leiste F. Die Blätter verteilen Sie ringsum, gleichmäßig, und geben weiteres Grasmaterial dazu, das Sie wiederum mit in die Dachspitze einbinden. Letztere, wenn das Dach absolut bedeckt ist, fest zusammenschnüren. Die Länge des Grases, spielt bei dieser Abdeckungsarbeit keine Rolle, denn zu langes Gras wird gleichmäßig ringsum abgeschnitten, zu kurzes Gras wird in zwei Arbeitsgängen aufgetragen: Zuerst das Gras auf die Dachplatten aufkleben, dann, wie vorerst beschrieben, darüberstülpen.

Das Dachende mit einem scharfen Messer zuspitzen oder stumpf stehen lassen, und die Spaltrohrstücke, kreuz und quer, aufnageln, so daß die Grasabdeckung einen zusätzlichen Halt bekommt.

Die seitlichen Kammern ebenfalls mit Leim einstreichen und das Gras, darauf verteilt, aufkleben. Mit zwei 5 mm breiten Spalt- oder Hartfaserleisten, pro Kammer, an der unteren und oberen Kante, das Gras, durch Aufnageln, anpressen.

Zum Spaltrohr wäre noch zu sagen, daß man es oft in Blumengestecken findet. Ansonsten ist es schwer zu bekommen. Sie können aber auch auf stärkeres Peddigrohr ausweichen.

Für die Lagerstatt des Kindes bei selbstgebastelten Figuren leimen Sie, ähnlich einer Leiter, vier 65 x 14 mm große Leistenstücke auf zwei 130 x 14 mm große Seitenleisten auf. Letztere an den Enden durchbohren, Schnüre oder Bast durchziehen und bei 20 cm zusammenknoten. So erhalten Sie eine flächige Schaukel, die Sie an der Ringschraube einhängen.

In dieser Arbeitstechnik können Sie auch eine Futterkrippe anfertigen, deren Seitenteile, ähnlich einer Leiter, mit einem 20 mm breiten Boden verbunden werden.

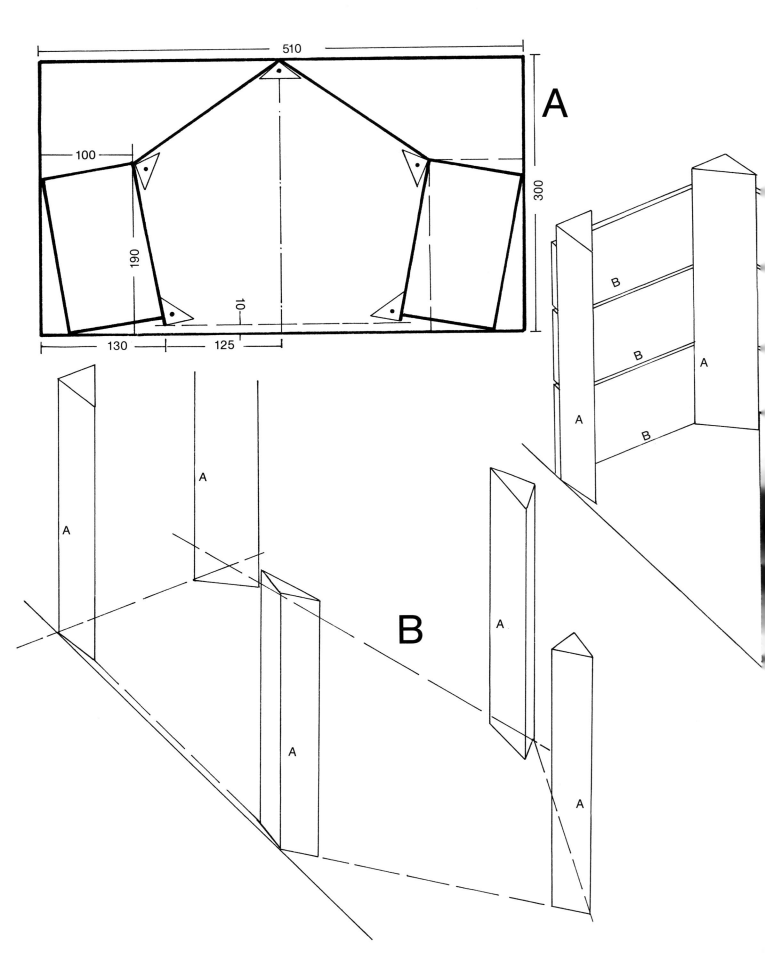

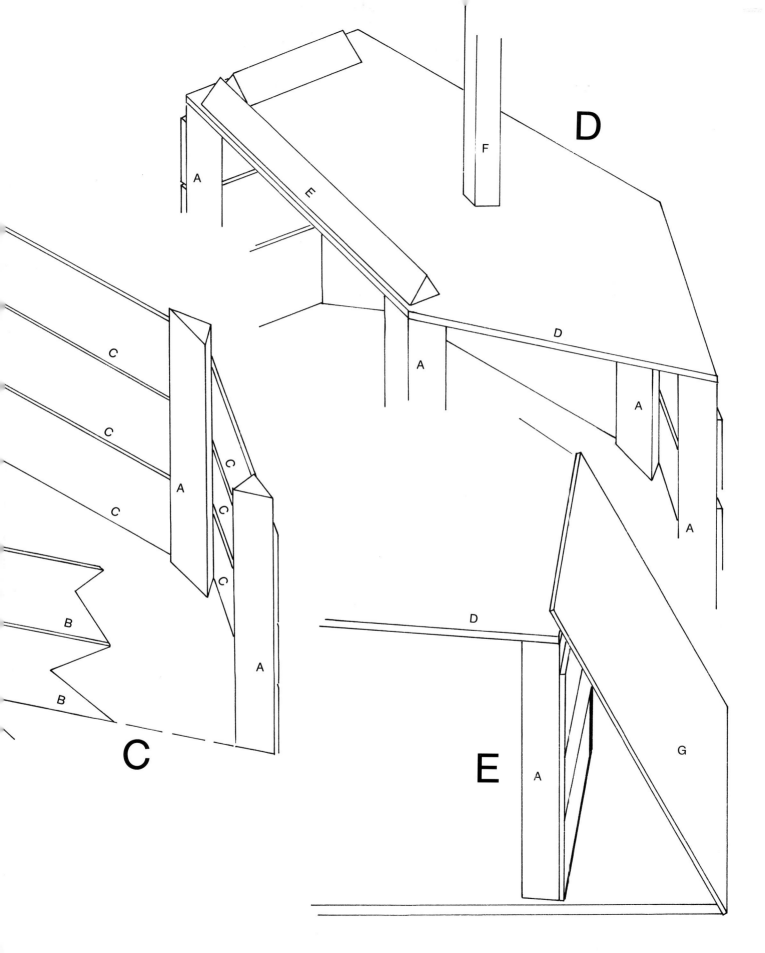

Graskrippen

Röhrenkrippe…

Material:
8 mm Sperrholzplatte oder 9 mm Spanplatte, 430 x 400 mm
19 mm Vierkant Leistenholz, ca. 4 m
Obstkistchenholz
Schilfrohr
4 Scharniere, 30 mm
Holzdübel
Holzleim (Ponal-Express)
Nägel, 10 mm

Der First dieses Krippenmodells ist relativ flach gehalten. Der große Innenraum kann eine komplette Schafherde beherbergen. Die beweglichen Stalltüren lassen das Modell lebendig erscheinen.

Geduldige Bastler werden für die Herstellung ca. 2 bis 3 Tage brauchen. Das Anordnen der Röhren ist etwas aufwendig.

Die Standgröße der Krippefiguren sollte 21 cm nicht überschreiten. Die Figurengruppe von Seite 101 paßt in Form, Farbe und Material hervorragend dazu. Auch die Holzfiguren von Seite 109 können durchaus dazugestellt werden. Fertigen Sie soviel Schafe wie möglich an. Sägespäne, als Bodenabdeckung, ergänzen die harmonische Krippenszene.

Wie bereits beim Modell der Graskrippe erwähnt, sollten Sie nicht so ohne weiteres in Schilfgebiete eindringen, da diese Schutz für brütende Vögel bieten. Im Herbst werden oft Auslichtungen von den Gemeinden vorgenommen, oder Sie selbst haben dieses Röhrengras im Garten, am Teichrand stehen, wovon Sie ein paar Halme entnehmen können. Wer nicht die Möglichkeit hat, kann auf Strohhalme oder dünnes Rundholz (Bastelholz) ausweichen. Es gibt genügend Materialien, die sich in dieser Art und Weise verarbeiten lassen.

Beginnen Sie mit der Aufteilung Ihrer Sperrholz- oder Spanplatte. Die Punkte auf den Konstruktionskreuzen in

Grundriß und Konstruktionszeichnungen finden Sie auf der übernächsten Doppelseite.

Graskrippen

...mit großem Innenraum

Graskrippen

Das Foto unten zeigt die Seitenfront der Krippe mit geöffneten Torflügeln. Im Innern wurde eine Abgrenzung durch Bastelleisten geschaffen.

Zeichnung A, geben Ihnen die Bohrungsposition an, deren Durchmesser sich nach der Stärke Ihrer Holzdübel richten. Wenn Sie die Bohrlöcher eingearbeitet haben, schneiden Sie zuerst 5A-Leisten in der Länge von 200 mm zu. Beachten Sie die Konstruktionszeichnung B. Weiter benötigen Sie 2 B-Leisten in der Länge von 150 mm. An allen 7 Leisten, jeweils an einem Ende, Bohrlöcher anbringen, Holzdübel einsetzen, und auf der Bodenplatte aufleimen. Da die Leistenstärke immer etwas variiert, müssen Sie nun die Sockelleisten C, E und D an Ihrem Bauwerk selbst ausmessen. Schneiden Sie, wie in der Zeichnung B dargestellt, die Enden der Sockelleiste C und auch die von D aus. Die Leiste C benötigen Sie noch einmal als Verstrebungsbalken. Die Querbalken F und G haben die gleiche Länge. Auch hier die Schnittenden gleichmäßig ausschneiden, wobei Leiste G zusätzlich, bei der mittleren A-Leiste, einen Ausschnitt bekommt. Leiste H entspricht der Abstandslänge der beiden B-Leisten. Auch hier die Leistenenden, auf halbe Leistenbreite, ausschneiden. Sockelleisten, Verstrebungsleiste und Querbalken an- und aufleimen. Holzleime sind heutzutage so haltbar, daß Sie durchaus auf Dübelverbindungen verzichten können. Wer auf Nummer sicher gehen will, hält sich an die Grafik von Seite 55.

Graskrippen

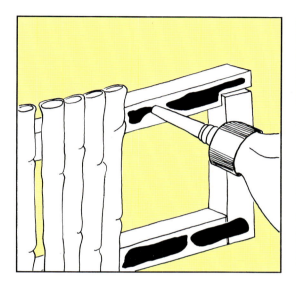

Zeichnung C zeigt den Aufbau des Dachfirstes. Messen Sie 4 J-Balken in der Länge von 160 mm, von Ihrem Leistenholz, ab und schneiden Sie es dementsprechend zu; ebenso 2 K-Leisten in der Länge von 330 mm. Schrägen Sie alle Leisten, an einer Seite, auf einen 66° Winkel ab, und verleimen Sie diese so, daß zwei J-Balken und je ein J- und K-Balken zusammenkommen. Beachten Sie auch Zeichnung D. Passen Sie nun diese, Ihrer Baukonstruktion an, und schneiden Sie die Enden, wie in Zeichnung C dargestellt, aus; die K-Leisten erhalten einen zusätzlichen Ausschnitt oberhalb der mittleren A-Leisten. Beim Ausschneiden darauf achten, daß die Dachbalken plan auf den Querbalken aufliegen; danach aufleimen. Die äußeren Dachleisten stehen in einer Linie zu den Sockelleisten; die mittleren Dachleisten liegen mittig auf dem F-Balken und direkt auf der A- und B-Leiste auf.

Sehen Sie anhand der Zeichnung E, die Anbringung einer Holzverkleidung, Konstruktionsdetail L, an die beiden B-Leisten. Übertragen Sie die Abmessungen der Abstände, beider B-Balken und des H-Balkens zur Bodenplatte, auf Kistchenholz. Schneiden Sie ein Fenster in der Größe von 45 x 45 mm aus und leimen Sie diese Fensterfront an die betreffende Stelle.

Ebenfalls aus Kistchenholz zugeschnitten werden 4 M-Leisten, 2–2,5 mm stark, in der Länge von 400 mm, und 2 N-Leisten, in der Länge von 230 mm, die als Dachplatten dienen.

Nun noch zwei Türflügel anfertigen: Kistchenholz in der Größe der linken Seitenfront, bis unterhalb der C-Leistenverstrebung, zuschneiden, halbieren und mit Scharnieren an den beiden betreffenden A-Leisten, befestigen.

Jetzt beginnt das Aufleimen der Röhren. Hierzu beachten Sie auch die beiden Grafiken. Schneiden Sie Seite für Seite gleichlange Röhren zu, wobei Sie für die Giebelseiten vorher eine Schablone in der betreffenden Giebelform anfertigen. Nach dieser Vorlage schneiden Sie zu. Nacheinander Leim, nicht zu wenig, auf die Leisten auftragen, die Röhren oder Rundhölzer andrücken und mit Spaltholz, durch Aufnageln, die geklebte Front vorerst absichern. Nach dem Antrocknen kann das Spaltholz wieder entfernt werden.

Die beiden Grafiken zeigen das Aufleimen der Röhren an die Baukonstruktion:

Leim großzügig auf die betreffenden Leistenflächen auftragen, etwas anziehen lassen, dann die Röhren in einem Zug andrücken.

Mit Kistchenholzleisten können die Röhren abgesichert werden, so lange, bis der Leim total aufgetrocknet ist. Danach können diese Hilfsleisten wieder entfernt werden.

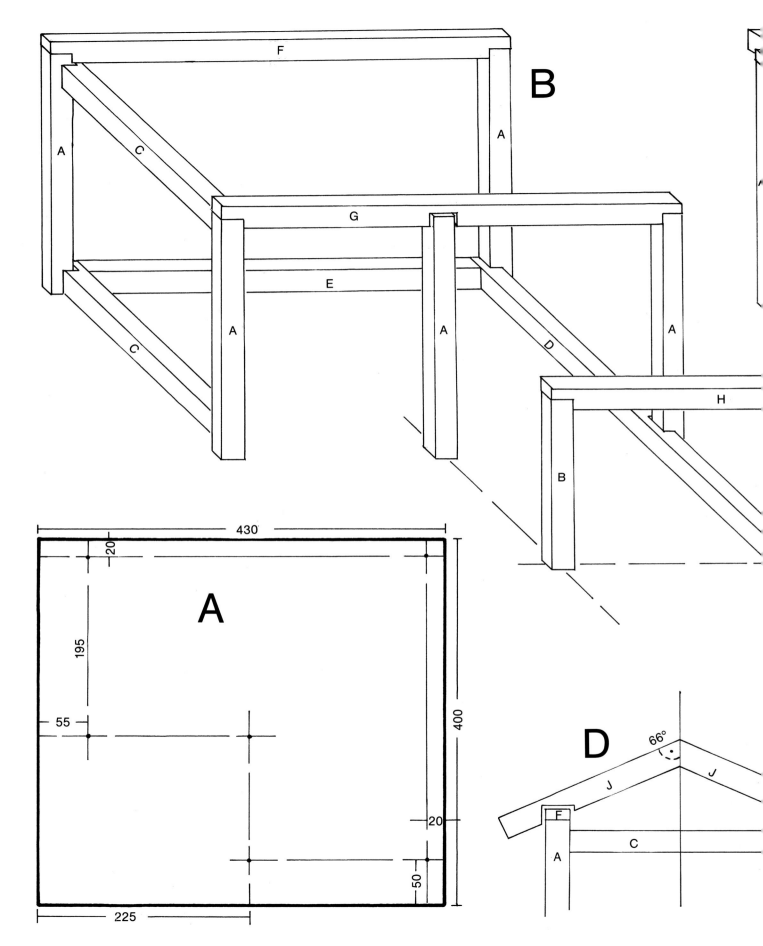

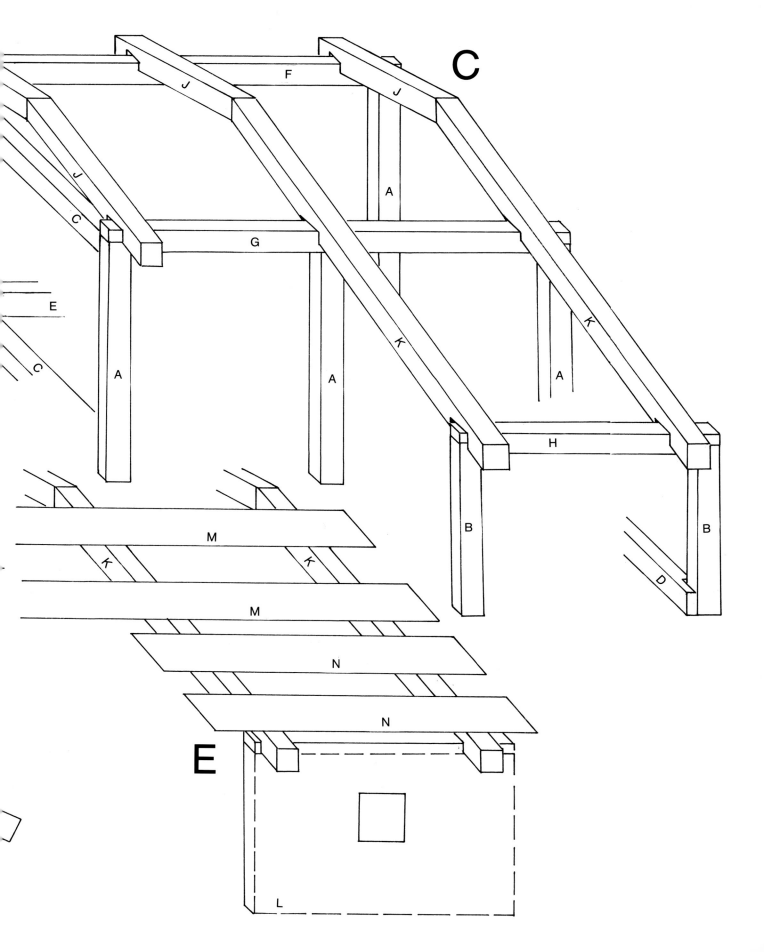

Figuren aus Holz, Ton, Papier

Figurengruppen

Modellfiguren

Material:
*Vierkantleisten:
8 mm und 5 mm
Bastelleisten: 20
x 10 mm und 10
x 3 mm
Modellierton, weiß
Balsaholzleisten:
100 x 19 mm und
100 x 8 mm Stärke
Bastelfilz
Holzleim
Textilkleber
Hanf und Plüsch
Bastellack*

Standhöhe der Figuren: 20 cm. Alle Zeichnungen sind in der Originalgröße dargestellt, auch die Baukonstruktion.

Vor dem Zuschnitt der Leisten sollten Sie wissen, daß Josef die Nummer 1, Maria die Nummer 2, das Schaf die Nummer 3, der kniende Hirtenjunge die Nummer 4, der Ochs die Nummer 5 und der Esel die Nummer 6 haben. Der Verkündungsengel entspricht der Nummer 1 und der stehende Hirte der Nummer 2. Messen Sie alle Maße an der Vorlage ab und schneiden Sie diese aus folgenden Leisten zu: Die Halsteile 1a, 2a, 4a; die Schulterteile 1b, 2b, 4b und die Hüftteile 1d, 2d, 4d aus der 8 mm Vierkantleiste; die Körperteile 1c, 2c, 4c; den Sitzblock 2e, den Kopf 3a und den Körper 3b aus der 20 x 10 mm Bastelleiste; die Oberarme 1e, 2f, 4e; die Unterarme 1f, 2g, 4f; die Oberschenkel 1g, 2h, 4g, die Unterschenkel 1h, 2i, 4h und das Ohr 3e aus der 10 x 3 mm Bastelleiste; die Beine 3c und 3d aus der 5 mm Bastelleiste.

Die beiden Zeichnungen A und B sind Seitenansichten von Maria und dem knienden Hirtenjungen, so daß Sie beim Zusammenbau eine Orientierungshilfe haben.

Leimen Sie nun Hals-, Schulter- und Körperteil der betreffenden Figuren zusammen: Bohrlöcher anbringen, Zahnstocherstücke einsetzen, Leim auftragen und fest zusammenpressen. Beachten Sie hierbei auch die Grafiken auf Seite 106. Die Unterarme und die Unterschenkel an einer Seite stumpf zuspitzen, und die betreffenden Körperglieder dazumodellieren: je eine Rolle in der betreffenden Holzlänge vorformen, die zugespitzte Seite einschieben, dabei 1 cm der

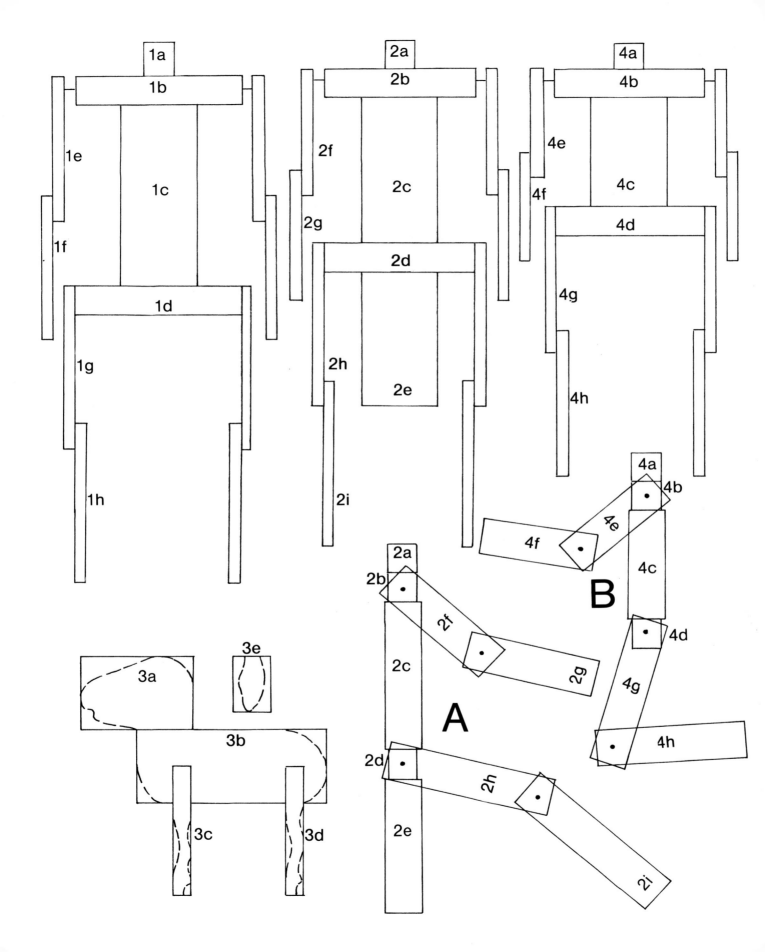

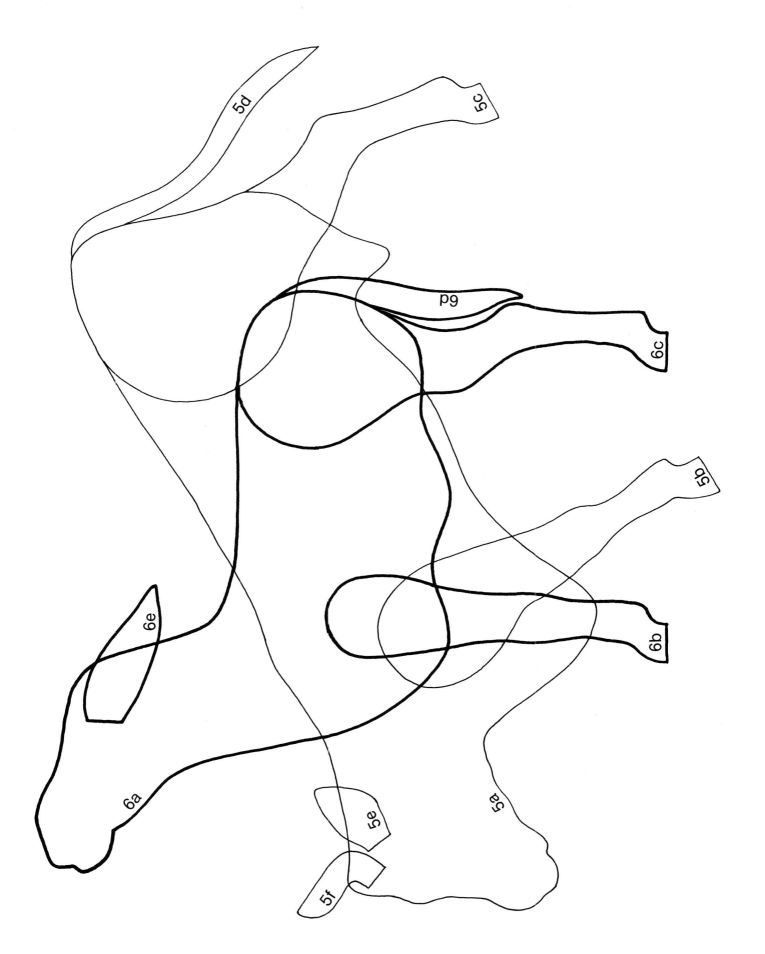

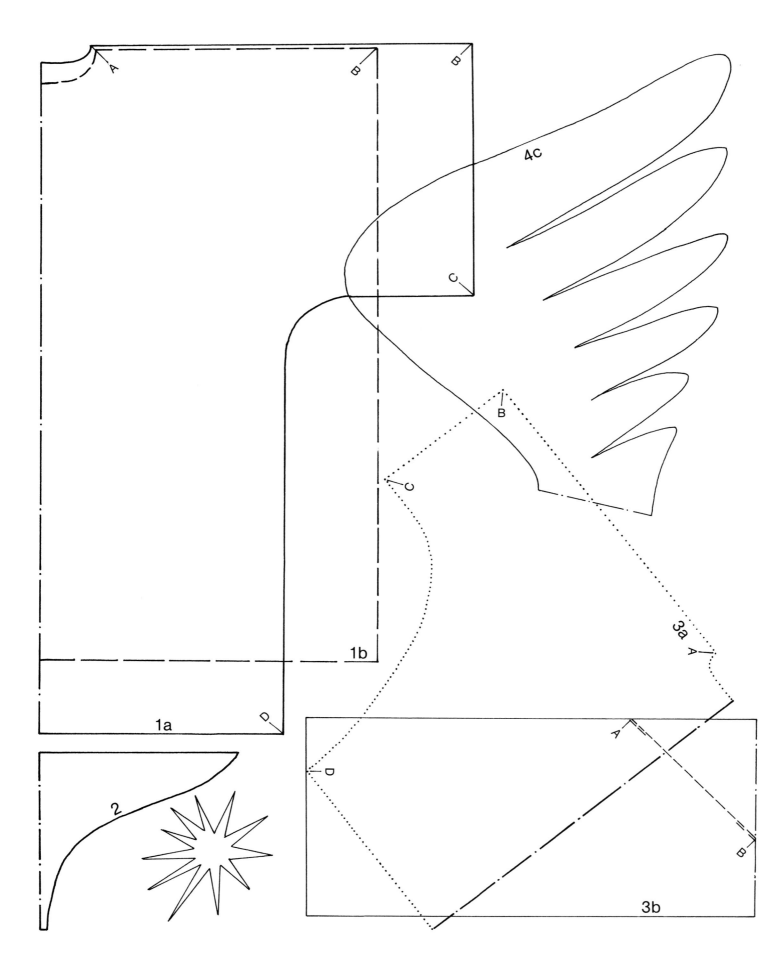

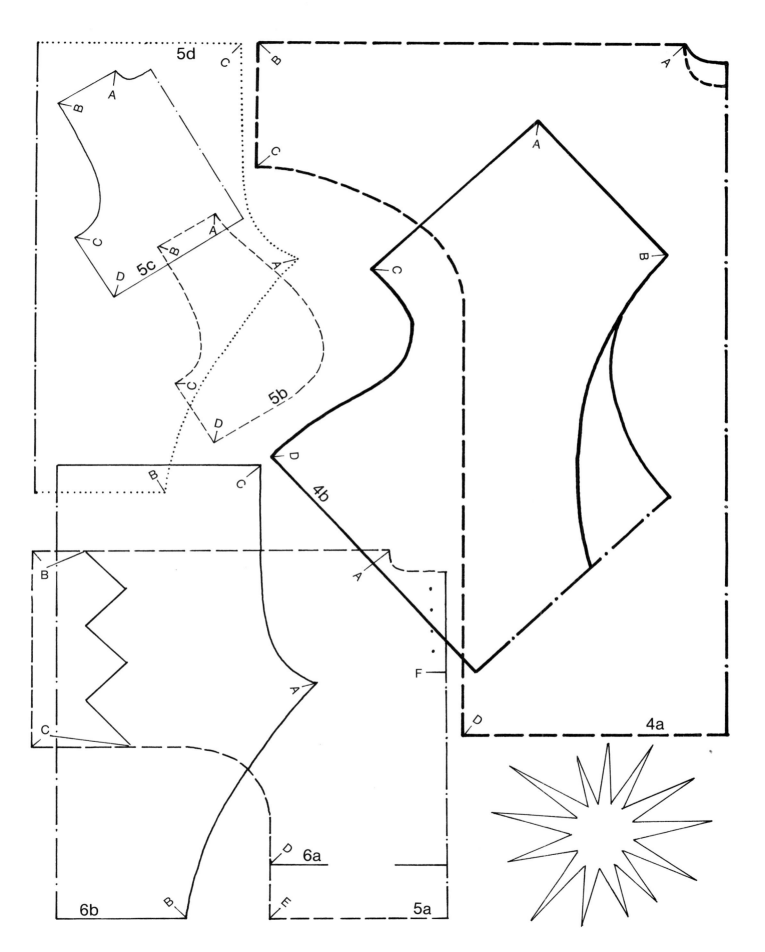

Figurengruppen

Die zwei Grafiken zeigen die Herstellung des Figurenaufbaus:

Körper-, Schulter- und Halsholzteile zusammenleimen und das Kopfoval aufsetzen, dann den Hals einmodellieren, wobei die nach unten gedrückte Masse um die Schulterpartie gelegt wird. Hände und Füße zu einer Rolle formen, die betreffenden Holzteile einschieben, die Handfläche leicht flachdrücken, dann den Daumen und Zeigefingerwinkel herausschneiden.

Das Zusammenleimen der einzelnen Figurenholzteile erfolgt durch das Einsetzen von Zahnstocherstücken; an die Holzteile 6 mm Bohrlöcher anbringen. Die einzuschiebenden Teile, in die Modelliermasse, werden leicht angespitzt.

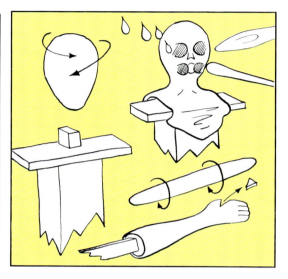
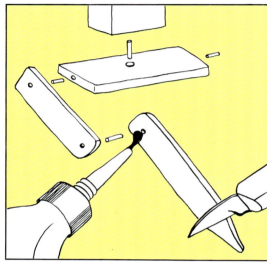

Gelenkstelle frei lassen, die Hand etwas flachdrücken, die Füße umknicken, und alles sinngemäß ausformen. Ein Kopfoval vormodellieren, auf den Hals setzen und, wie in der Grafik dargestellt, ausformen. Das Jesuskind in der Länge von 7 cm komplett modellieren. Wie in der Gebrauchsanweisung, Ihrer Modelliermasse, angegeben, die einzelnen Teile brennen. Danach den gesamten Körper, wie in den Zeichnungen dargestellt, zusammenbauen. Ich rate Ihnen, Zahnstocherstücke, als Holzdübelersatz, einzustecken, da dieser Arbeitsgang die Stabilität der Figuren erhöht. Letztere in einem Hautton an-, und das Gesicht ausmalen.
Jetzt die Bekleidung anfertigen. Zuerst die Schnittmuster abkopieren; dabei alle Angaben dazuschreiben: Für Josef die Schnitte 1a (Robe, Vorder- und Rückteil) und 1b (Umhang); für Jesus den Schnitt 2 (Windel); für Maria 3a (Bluse, Vorder- und Rückteil) und 3b (Stola); für den Engel die Schnitte 4a (Kleid, Vorder- und Rückteil), 4b (Überwurf, Vorder- und Rückteil), 4c (Flügelteil); für den stehenden Hirten die Schnitte 5a (Hemd, Vorder- und Rückteil), 5b (vorderes Westenteil), 5c (hinteres Westenteil), 5d (Hose); für den knieenden Hirtenjungen die Schnitte 6a (Hemd mit Zacken, Vorder- und Rückteil), 6b (Hose). Die Sterne dienen als Vorlage für den Heiligenschein. Beim Zuschnitt der Teile die Strich-Punkt-Strich-Kante immer an der Bruchkante eines doppeltgelegten Filzstoffes anlegen. Die Schnitte ohne Nahtzugabe zuschneiden. Sie werden im Kreuzstich, Stoß an Stoß, zusammengenäht. Zum Teil werden die Figuren regelrecht eingenäht. Alle Schulter- und Seitenkanten paßpunktgleich schließen bis auf die Seite von Josefs Umhang. Das Hemd der beiden Hirtenjungen bis F einschneiden und mit einem Wollfaden wieder verschließen. Die Stola von Maria hälftig legen und von A bis B abnähen, so daß eine Haube entsteht. Die Engelsflügel aus Karton zuschneiden, mit Klebstoff einstreichen und mit Glitter abdecken. Zum Schluß noch die Haare aus Plüschresten aufkleben, der Maria Hanfzöpfe flechten, und dem Engel Dekorationshaar aufkleben. Die Tierformen ebenfalls abkopieren, und die Vorlagen des Schafs auf die Bastelleisten übertragen, die von Ochs und Esel auf das Balsaholz; die Körper auf die 19 mm starke Fläche, alle anderen Teile auf die 8 mm starke Fläche; aussägen und abschmirgeln.

Figurengruppen

Holzfiguren

Eine Schnitztechnik auf einfachste Art und Weise. Achten Sie beim Kauf von Bastelleisten auf Feinjährigkeit des Holzes, da sich dieses leichter schneiden läßt. Bastelleisten erhalten Sie, in der Länge von 1 m, in allen Baumärkten.

Die Bastelvorlagen auf der übernächsten Doppelseite, sowie der darauffolgenden Doppelseite mit Baukonstruktionszeichnungen, helfen Ihnen bei der Anfertigung der Figurengruppe. Die Nummern innerhalb der Zeichnungen geben den Modelltyp an, das fortlaufende Alphabet die dazugehörenden Details: Nummer 1 steht für Josef; a zeigt die Vorderansicht, b die Seitenansicht, c die Mantelform, d den Arm, e stellt den Stock dar, f zeigt die Laterne; Nummer 2 steht für Jesus; a zeigt die Vorderansicht, b die Seitenansicht, c stellt den Arm dar, d zeigt das Bein; Nummer 3 steht für Maria; a zeigt die Vorderansicht, b die Seitenansicht, c das liegende Rockteil, d den Mantel, e die Hand, f die hintere Kopfbedeckung, g die obere- und h die seitliche Kopfbedeckung; Nummer 4 steht für drei verschiedene Schafformen; a zeigt die Seitenansicht, b das Vorderbein, c das Hinterbein, d den Schwanz und e stellt die beiden Ohren dar; Nummer 5 steht für den Ochs; a zeigt die Seitenansicht, b das Hinterbein, c die Vorderbeine, d den Schwanz, e ein Horn, f beide Ohren; Nummer 6 steht für den Esel; a stellt die Seitenansicht dar, b das Hinterbein, c zeigt beide Vorderbeine, d den Schwanz, e das Ohr; Nummer 7 steht für den Engel; a zeigt die Vorderansicht, b die Seitenansicht, c den Arm, d das Bein, e die Flügel und f den Heiligenschein; Nummer 8 steht für den Hirten; a zeigt die Vorderansicht, b die Seitenansicht, c stellt ein Bein dar, d das seitliche Jackenteil, e das rückwärtige Jackenteil und f den Arm. Die Pfeile an den Seitenansichten, zeigen zur Vorderseite. Die Großbuchstaben A, B, C und D dienen zur Orientierung beim Zusammenbau bzw. beim Zusammenleimen; allerdings werden die einzelnen Körperteile zuerst zugeschnitten, dann erst zusammengefügt. Achten Sie hier ganz

Material:
Bastelleisten, Stärke: 19 x 10 mm; 28 x 9 mm; 10 x 3 mm; 15 x 5 mm; 55 x 19 mm; 40 x 5 mm
Vierkantleisten: 8 mm und 5 mm
Sägespäne
Holzleim (Ponal-Express)

Figurengruppen

Die beiden Grafiken zeigen die Schnitztechnik der Figuren:

Nach dem Aufzeichnen der Schablonenform, weite Kantenabstände zur Bleistiftlinie hin, schräg absägen, tiefliegende Rundungen im entsprechenden Winkel dazu, schräg einsägen. Mit einem Schnitzmesser die noch bestehenden Formen herausarbeiten.

Beim Herausarbeiten von Vertiefungen, immer gegengleich arbeiten, d. h., von einer Seite einschneiden, von der anderen Seite dagegenschneiden und den Holzspan entfernen. Immer in Faserrichtung des Holzes arbeiten. Die Ecken und Kanten mit Schleifpapier abrunden und abglätten.

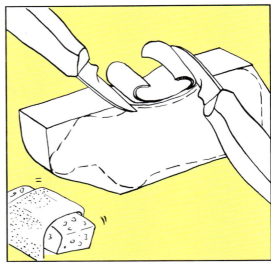

besonders auf die Paß- und Verbindungspunkte mit den eingezeichneten Verbindungslinien.
Jetzt die Leisten zuschneiden. Die Schnittlänge der einzelnen Teile messen Sie an den Vorlagen selbst ab, die in Originalgröße dargestellt sind. Beschriften und kennzeichnen Sie sofort jedes Holzteil, so daß Sie sie nicht verwechseln können. Von der 19 x 10 mm starken Leiste benötigen Sie: 2x 1a, 2x 3a, 2x 3c; von der 28 x 9 mm Leiste: 2x 1c, 2x 3d, 3x 4a, 2x 8a, 2x 8d (davon der Länge nach 10 mm wegschneiden), 2x 8d, 1x 8e; aus der 10 x 3 mm starken Leiste: 2x 1d, 2x 2c, 2x 2d, 2x 3e, 6x 4b, 6x 4c, 3x 4e, 1x 5f, 2x 6e, 1x 8f; aus der 55 x 19 mm starken Leiste: 1x 5a, 1x 6a aus der 40 x 5 mm starken Leiste: 2x 5b, 1x 5c, 2x 6b, 1x 6c; aus der 15 x 5 mm starken Leiste: 2x 7a, 2x 7c, 2x 7d; aus der 8 mm starken Vierkantleiste: 1x 2a, 1x 1f, 3x 4d; aus der 5 mm Vierkantleiste: 1x 1e, 1x 5d, 2x 5e, 1x 6d; aus 1 mm starken Holzspänen werden je 1x die Teile 3f, 3g, 3h zugeschnitten.

Leimen Sie jeweils zusammen: beide 1a Teile, die 3a und die 3c Teile, wobei letztere miteinander verbunden werden; dann noch beide 8 a Teile. Übertragen Sie alle Konturen auf die betreffenden Leistenseiten. Formen bzw. bearbeiten Sie jedes einzelne Teil separat, indem Sie die tiefer gelegenen Körperteile (z.B. am Hals) heraussägen. Beachten Sie hierbei auch die erste Grafik. Arbeiten Sie sich dann langsam, mit einem Schnitzmesser, Span für Span, an die Bleistiftkonturen heran. Beachten Sie hierzu wiederum die zweite Grafik. Sie werden selber bemerken, daß in Faserrichtung liegende Schnitzbewegungen leichter auszuführen sind als querverlaufende Einschnitte. Schleifen Sie mit einem 120er Schmirgelpapier die Schnittflächen nach, und runden Sie Ecken und Kanten sauber ab. Die innerhalb der Konturformen liegenden, spitzzulaufenden schmalen Dreiecke sind Falteneinschnitte, die nur schwach herausgearbeitet werden. Setzen bzw. leimen Sie die einzelnen Figurenteile, nummerngleich, zusammen. Beachten Sie hierbei die Konstruktionszeichnungen A, Josef; B, Maria; C, Hirte und D, Schaf. Bei C sehen Sie zusätzlich noch die Aufsicht der Jacke; das Mittelteil 8e wird hälftig zwischen die beiden Seitenteile 8d eingeschoben. Die Ohren der Tiere werden an den Aufleimkanten abgeschrägt, so daß diese eine angewinkelte Stellung erhalten.

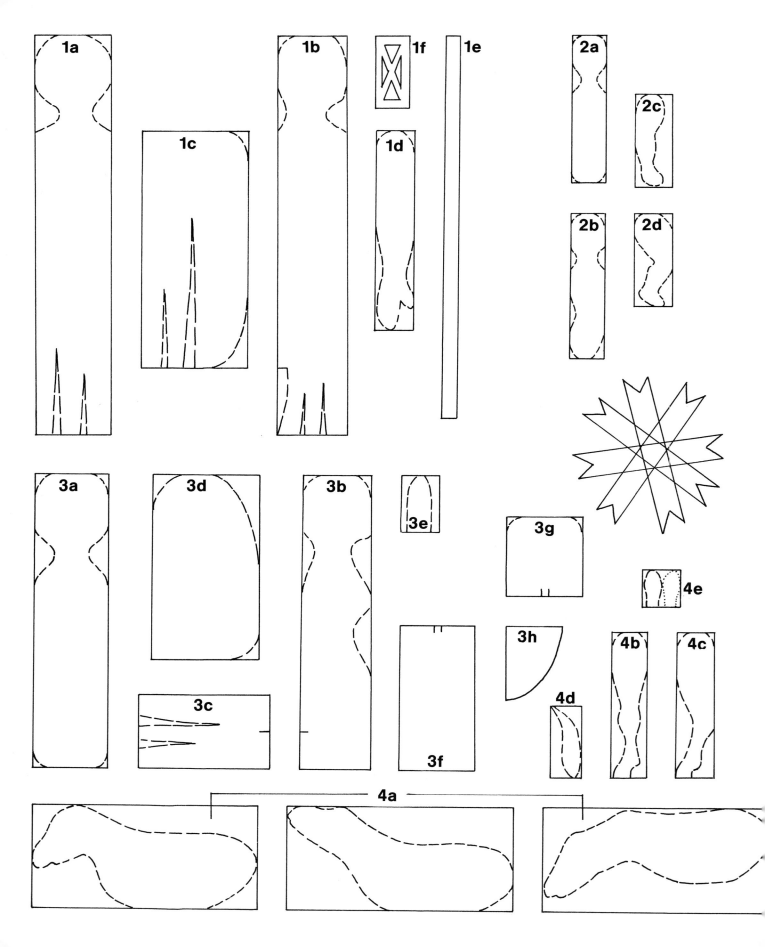

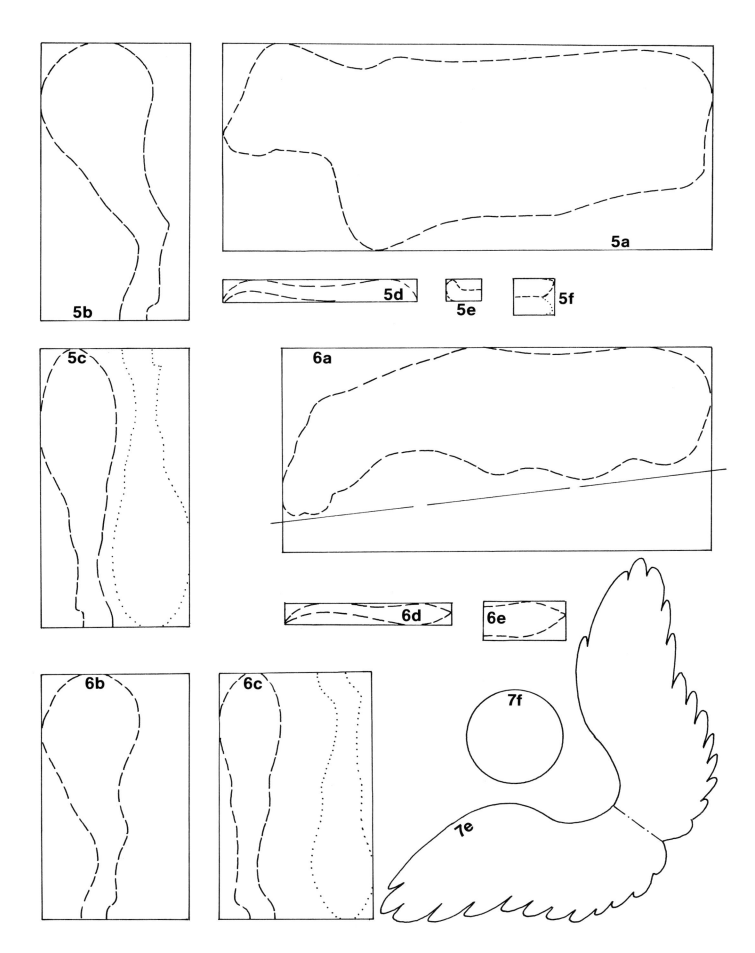

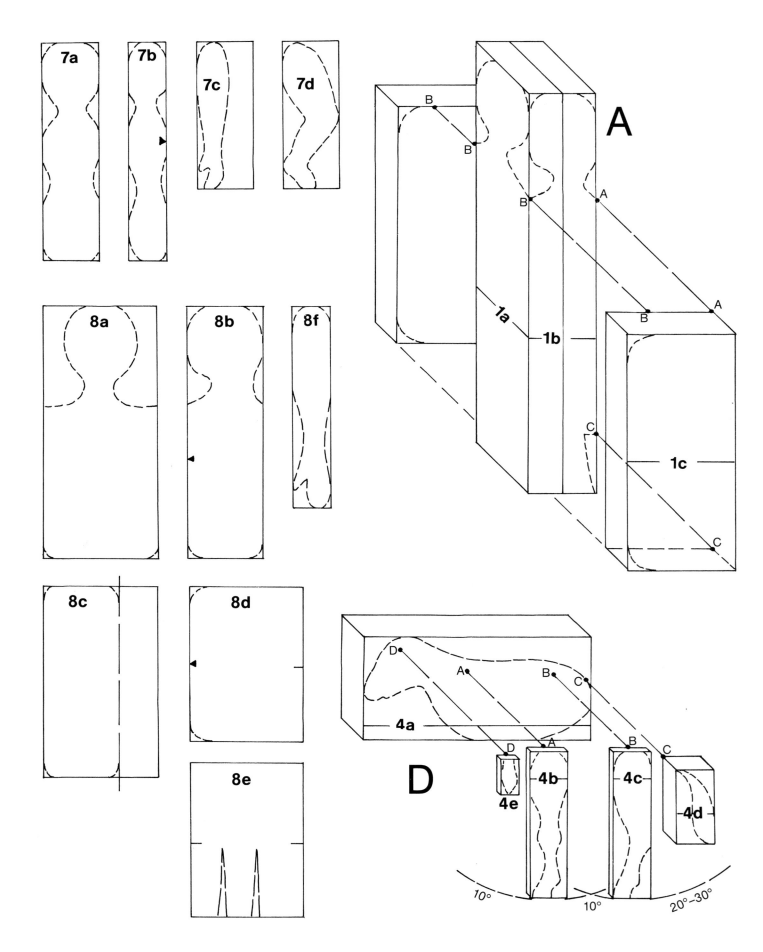

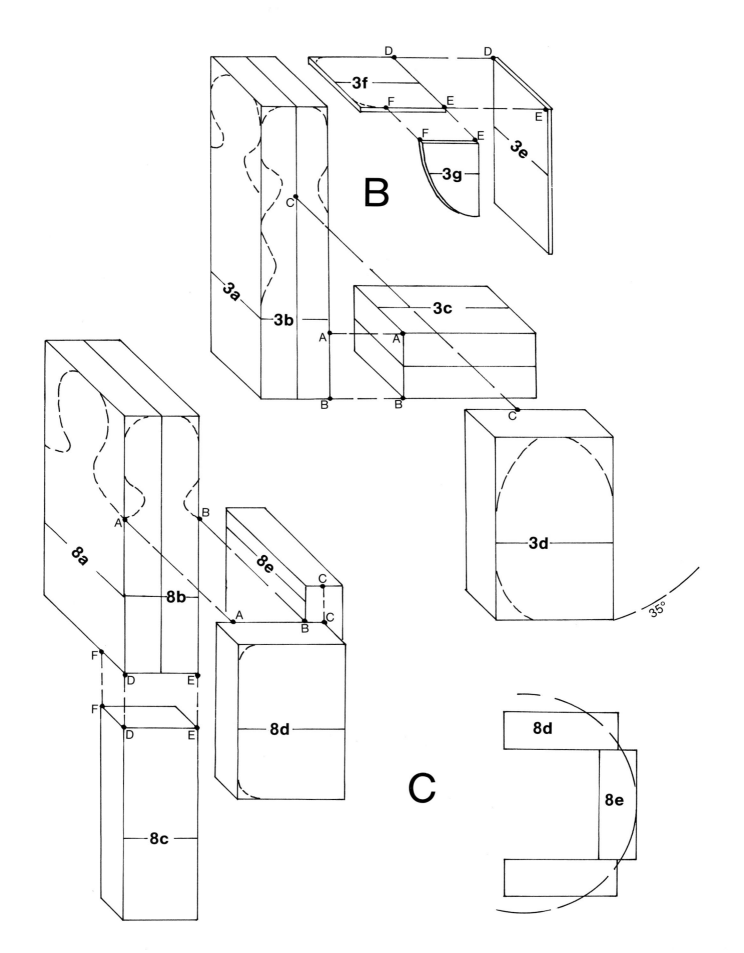

Figurengruppen

Papierfiguren

Material:
*Tonpapier: weiß, gelb, gelborange, oliv, braun, hellbraun, blau, hellgrau, grau, türkis, beige, weinrot, rot
Klebstoff (Fixogum)
Transparentpapier*

Die Bastelvorlage finden Sie auf der nächsten und übernächsten Doppelseite.

Eine Figurengruppe, speziell für Kinder. Abweichend, von vielen anderen Papierfiguren, die mit Stecknadeln aufgestellt werden, ist diese Formgestaltung, die dreidimensional angelegt, und somit selbststehend, aufstellbar ist.
Die Größe beträgt maximal 12 cm. Sie können verkleinert oder vergrößert werden, ganz nach Ihren Wünschen; in vielen Kaufhäusern gibt es Kopierer, die diesen Arbeitsvorgang für Sie übernehmen.
Auf den nachfolgenden beiden Doppelseiten finden Sie die Bastelvorlagen in Originalgröße. Jede Krippenfigur hat eine Nummer wie z. B.: Josef die 1, Jesus die 2, Maria die 3, das Engelchen die 4, der Hirtenjunge die 5, die Futterkrippe die 6, das Schaf die 7, das Schriftband die 8, der Verkündungsengel die 9, der kniende Bauer die 10, das Schleifenband die 11, die Bauersfrau die 12, der Ochs die 13, der Esel die 14, die Geiß die 15, Kaspar die 16, Melchior die 17 und Balthasar die 18. Jede Nummer wiederum hat einen kleinen Buchstaben, der alphabetisch angeordnet, die einzelnen Teile der betreffenden Figur angibt. Diese Details sind jeweils durch eine andere Linienkontur dargestellt, die Sie nun nacheinander abpausen. Achtung! Die Strich-Punkt-Strich-Linien sind Knickstellen, die Sie an dem betreffenden Teil mit dazuzeichnen.
Wenn Sie alle Konturen abgepaust und ausgeschnitten haben, dann legen Sie diese auf das betreffende Tonpapier; die verschiedenen Farbtöne sind auf der Abbildung gut zu erkennen. Beginnen Sie mit Josef und zeichnen Sie auf: 1mal 1a, 2mal 1b, 1mal 1c und 1mal 1d an einer Bruchkante, das vordere und das hintere Haarteil, den Bart sowie den Heiligenschein 1mal, die Laterne wiederum 2mal. Grundsätzlich gilt für alle Figuren, daß Sie bei den a-Teilen (Kopf mit Arm) das abgegrenzte Handteil noch einmal separat aufzeichnen müssen. Zeichnen Sie nun weiter auf; Jesus: 1mal 2a, 2mal 2b, 1mal 2c im Bruch und 1mal den Heiligenschein; Maria: 1mal 3a, 2mal 3b, 1mal 3c im Bruch, 2mal 3d und einmal den Heiligenschein; kleiner Engel: 1mal 4a, 2mal 4b, 1mal 4c im Bruch, 2mal 4d und 1mal den Heiligenschein; Hirtenjunge: 1mal 5a, 2mal 5b, 1mal 5c im Bruch, je 1mal 5d und 5f, je 1mal 5e und 5g im Bruch, 2mal 5h, 1mal 5i und 2mal den Haarschopf; Futterkrippe: 6a und b zusammenhängend 2mal aufzeichnen; Schaf: 1mal 7a, 2mal 7b, 1mal 7c, je 1mal 7d und 7e im Bruch, je 2mal 7f und 7g, 1mal 7h im Bruch; 1mal das Schriftband 8; Verkündungsengel: 1mal 9a, 2mal 9b, 1mal 9c im Bruch, 1mal 9d im Bruch, 2mal 9e, 1mal 9f im Bruch, 1mal 9g, 2mal 9h, 2mal 9i und 1mal den Heiligenschein; Bauer: 1mal 10a, je 1mal 10b und 10 c, 1mal 10d, 1mal 10e, 2mal 10f, 1mal 10g im Bruch, 2mal 10h, 2mal 10i, 2mal 10k und 1mal 10l; 1mal das Schleifenband mit 10 cm Verlängerung; Bäuerin: je 1mal 12a und 12e, je 1mal 12b und 12c, 1mal 12d, 2mal 12f, 1mal 12g und 2mal 12i; Ochs: 2mal 13a, 1mal 13b, je 1mal 13c, 13d, 13e und 13f im Bruch; Esel: 2mal 14a, 1mal 14b, je 1mal 14c, 14d und 14e im Bruch; Geiß: 2mal 15a, je 1mal 15b und 15d, je 1mal 15e, 15c, 15f und 15g im Bruch; Kaspar: 1mal 16a, 2mal 16b, 1mal 16c im Bruch, 2mal 16d, 2mal 16e, 2mal 16f, je 2mal die Drapierungsbänder und 1mal die Schmuckfeder; Melchior: 1mal 17a, 2mal 17b, 1mal 17c im Bruch, 2mal 17d, je 1mal 17e und 17f, 2mal 17g, 2mal 17h, die Verzierungsbänder je 2mal und die Schmuckfelder 1mal sowie 1mal 17i und je 1mal deren gepunktete Flächen; Balthasar: 1mal 18a, 2mal 18b, 1mal 18c im Bruch, 2mal 18d, 2mal 18e, 2mal 18f, je zweimal die Schleifenbänder, 1mal die Schmuckfeder, 2mal 18g und 2mal 18h.
Alle Teile ausschneiden und nacheinander zusammenkleben. Grundsätzlich sind alle c-Teile an den Menschendarstellungen zwischen die beiden d-Teile kantengleich bis zur Knickstelle einzuschieben. Die Mantel- und Umhangsformen nur an der hinteren Kante zusammenkleben. Die Tierkörper entlang den angegebenen Pfeillinien einschneiden und die betreffenden Körperteile einschieben. Halten Sie sich an die Zeichnungen und an die Bildvorlage.

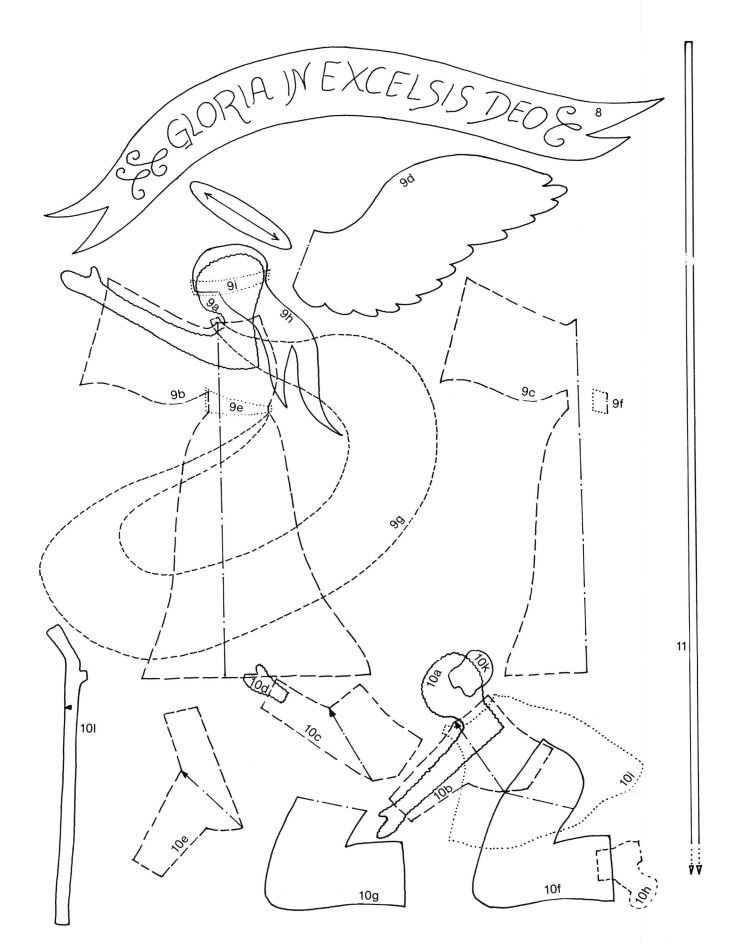